PRINCIPIOS DEL REINO

PARA EL CRECIMIENTO DE LA IGLESIA

Gene Mims
Ramón Martínez
Traducción y adaptación

Revisado y expandido

LifeWay Press
Nashville, Tennessee

Edición revisada © Derechos de propiedad 2001 • LifeWay Press
Edición original © Derechos de propiedad 1995 • Convention Press
Reservados todos los derechos

ISBN 0-7673-2373-4

Este libro es el texto para el curso de estudios LS-0219 en el área del tema de Dessarrollo de líderes del Plan de Estudio del Desarrollo Cristiano.

Clasificación decimal Dewey: 254.5
Encabezado del tema: Iglecrecimiento/Obra evangelística

Impreso en los Estados Unidos de América

LifeWay
Church Resources

LifeWay Church Resources, una división de
LifeWay Christian Resources de la
Convención Bautista del Sur
One LifeWay Plaza
Nashville, TN 37234

CONTENIDO

Prefacio

Principios del Reino para el Crecimiento de la Iglesia es realmente una sorpresa y un gozo. Una sorpresa porque personas ordinarias en el Reino de Dios lo utilizan alrededor del mundo con resultados extraordinarios. Iglesias grandes, pequeñas o de diferentes denominaciones lo adaptan a sus propios fines. ¡Ah, qué gran sorpresa y bendición es esto para mí!

Es un gozo porque esta segunda edición es una obra en la cual participaron muchas personas en LifeWay Christian Resources. Los hombres y las mujeres a los cuales sirvo en este magnífico lugar hicieron que más personas de las que nunca me hubiera imaginado usen este libro. Deseo expresarle mi gratitud a Mike Miller, Henry Webb y Mark Marshall por su apoyo y estímulo. ¡Y una gratitud muy especial a Norma Goldman por su esfuerzo incansable para terminar el libro a tiempo y de una manera excelente!

Como en la primera edición, dedico este libro
a mi esposa Ann, amada compañera y colaboradora, y sierva de nuestro Señor,
y
a nuestros hijos Jeff y Marianne,
que con sus vidas nos alegran cada día.

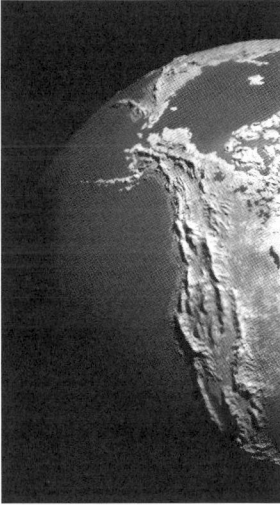

INTRODUCCIÓN

LA ORACION DEL LIDER DE LA IGLESIA
Señor, el domingo fue un día difícil en la iglesia. Las cosas no anduvieron bien. Nuestra iglesia no está creciendo y siento un gran vacío. Debo saber qué quieres que mi iglesia y yo hagamos para ser partícipes de la obra de tu Reino, pero ni siquiera sé por dónde comenzar.

¿Qué debo hacer para que mi iglesia crezca? La mayor parte del tiempo la paso atendiendo llamadas telefónicas, luchando con los problemas y con las demandas de infinidad de tareas.

Señor, he oído hablar de muchos planes para el crecimiento de la iglesia. ¡Nuevos métodos! ¡Métodos antiguos! ¡Métodos contemporáneos! ¡Métodos tradicionales! ¿Cuál debo probar en esta ocasión? Estoy confundido. ¿Qué quieres Tú que mi iglesia y yo hagamos?

Si no sé cómo hacer crecer una iglesia, ¿cómo voy a esperar que los que dirijo lo sepan? Me desaliento cuando los miembros me preguntan: ¿Qué vamos a probar este año? ¿Qué les puedo decir?

ACERCANDONOS A LA RESPUESTA

Yo he estado por esos caminos. Por otra parte se me caen las alas del corazón cuando escucho a los pastores y laicos hablar de sus aflicciones y desánimo. ¿Quién no ha sentido esas frustraciones? Existen más de lo que quisiéramos admitir.

¿Qué nos pasa a nosotros y a nuestras iglesias? ¿Hemos perdido la comprensión del plan de Dios? Los métodos para el crecimiento de la iglesia tienen importancia, pero nunca deben sustituir a la obediencia de los mandatos claros de nuestro Señor.

Pudiéramos enredarnos tanto probando los diferentes métodos para el

5

crecimiento de la iglesia que perderíamos de vista las instrucciones dadas por el Creador. Podemos alejarnos de los primeros principios de Dios y perder de vista su reino y nuestra parte en él.

Principios esenciales

Este libro trata de los principios del reino de Dios para el crecimiento de la iglesia. Es una vuelta a los principios bíblicos. Comienza donde Dios comienza. Vuelve a encaminar nuestros pasos a redescubrir, o quizás descubrir por primera vez, el proceso de Dios para el crecimiento de la iglesia.

Este nace y se nutre mediante un proceso dado por el mismo Dios. Este libro bosqueja este proceso que está inspirado divinamente. Este libro no es otro método para lograr el crecimiento de la iglesia.

El Principio 1•5•4 se presenta en estas páginas para ayudarle a entender los principios que rigen este proceso. *El principio 1•5•4* comprende:

1 fuerza impulsora para el crecimiento de la iglesia:
La Gran Comisión

5 funciones esenciales para el crecimiento de la iglesia:
La evangelización
El discipulado
El compañerismo
El ministerio
La adoración

4 resultados:
Crecimiento numérico
Transformación espiritual
Expansión de ministerios
Avance del Reino

Proceso versus métodos

Hoy día, uno de los peligros más grandes que enfrentamos en el crecimiento de la iglesia es la sobrevaloración de los métodos. Las técnicas utilizadas por otras iglesias que han crecido rápidamente en su área, quizás no den resultados en su iglesia. Sin embargo, los

El crecimiento de la iglesia comienza con los principios del reino, no con métodos.

Uno de los peligros más grandes que enfrentamos en el crecimiento de la iglesia es la sobrevaloración de los métodos.

principios de Dios para el crecimiento de la iglesia sí funcionarán antes de que tratemos de aplicar cualquier método. Debemos comprender el proceso que Dios usa para redimir al mundo mediante el testimonio de la iglesia.

El crecimiento de la iglesia es un tema de actualidad. La población mundial crece a cada segundo, mientras que algunas iglesias y denominaciones se estancan o decrecen a un ritmo alarmante. No debemos preocuparnos con la búsqueda del método perfecto para alcanzar la creciente población de perdidos. Lo fundamental es comprender los principios de Dios para hacer crecer el reino.

> Debemos comenzar con el principio del reino, el cual Dios reveló y le dio energía.

EL CRECIMIENTO COMIENZA CON EL PROCESO DIVINO

Los métodos para el crecimiento de la iglesia son importantes, pero Dios utiliza un proceso divino, por lo que nosotros debemos comenzar con ese proceso.

Por alguna razón en nuestra prisa de encontrar métodos, hemos olvidado que el reino de Dios, anunciado por Cristo al comienzo de su ministerio (Marcos 1.14-15), es una realidad en nuestro mundo. El mismo Dios da energía a este reino. Con frecuencia la Biblia se refiere al reino de Dios como la realización de su plan para redimir al mundo.

Las Escrituras revelan a Dios constantemente haciendo dos cosas: creando y redimiendo. Él decidió crear la humanidad a su imagen y semejanza para que tenga compañerismo con Él y unos con otros. Decidió crear a cada persona con una voluntad por la cual lo acepte o rechace.

Las Escrituras muestran cómo Adán y Eva se apartaron de Dios por la desobediencia y perdieron la oportunidad de tener compañerismo con Él. La historia de la humanidad es la historia de cada persona que se ha alejado de Dios por el pecado, porque cada persona es pecadora por naturaleza y por decisión.

> Jesús proclamó la venida del reino.

DIOS DECIDE REDIMIR

A pesar de nuestro pecado, Dios escogió redimir del mundo a un pueblo. La redención restaura los beneficios

7

perdidos con la caída y provee al redimido la comunión con Dios y unos con otros.

Cuando Jesús vino a la tierra, trajo salvación a las personas que estaban en pecado y separadas de Dios. Vino predicando las buenas nuevas del reino e instando a las personas a que se arrepintieran de sus pecados y a que confiaran en Él.

> *«El tiempo se ha cumplido, y el reino de Dios se ha acercado; arrepentíos, y creed en el evangelio[...] Venid en pos de mí, y haré que seáis pescadores de hombres» (Marcos 1.15, 17).*

Aunque algunas iglesias y denominaciones están estancadas y decreciendo, necesitamos recordar que Dios todavía obra en el mundo y que su reino está creciendo.

EL REINO SIGUE CRECIENDO

La Biblia declara que el reino de Dios está creciendo y no puede detenerse. Saber que el Señor está obrando hoy en día tal y como lo hizo en el pasado, trayendo personas a su reino, brinda esperanza y gozo a cada cristiano.

Aunque algunas muchas iglesias y denominaciones están estancadas y decreciendo, necesitamos recordar que Dios todavía obra en el mundo y que su reino está creciendo. Nuestro Señor nos da esa seguridad:

> *«¿A qué es semejante el reino de Dios, y con qué lo compararé? Es semejante al grano de mostaza, que un hombre tomó y sembró en su huerto; y creció, y se hizo árbol grande, y las aves del cielo anidaron en sus ramas. Y volvió a decir: ¿A qué compararé el reino de Dios? Es semejante a la levadura, que una mujer tomó y escondió en tres medidas de harina, hasta que todo hubo fermentado» (Lucas 13.18-21).*

Cristo fundó el reino de Dios entre la humanidad cuando comenzó su ministerio.

Las personas o naciones que no respondan a Dios no invalidan, ni por un momento, las verdades eternas sobre el crecimiento del reino de Dios.

En primer lugar Jesús habló sobre la semilla de mostaza y la levadura a un grupo de discípulos que comprendían poco quién era Él, qué enseñaba y qué hacía. Cristo explicó que fundó el reino de Dios entre la humanidad cuando comenzó su ministerio. El reino de Dios comenzó a progresar desde entonces y no se ha detenido. Jesús sabía que el reino crecería a pesar de la oposición, falta de fe, fracasos personales y muchos otros problemas.

Descubrimos el secreto del crecimiento y desarrollo del reino en la Palabra de Dios, en la historia y al examinar con cuidado nuestras circunstancias actuales.

EL PUNTO DE PARTIDA PARA CRECER

Necesitamos comenzar donde Dios comienza. Nuestro Señor colocó el crecimiento de la iglesia en el campo del reino de Dios. Dentro del contexto del reino comprendemos que el crecimiento de la iglesia sucede y sucederá.

El crecimiento de la iglesia es el resultado de la obra sobrenatural de Dios obrando mediante su pueblo para cumplir con los propósitos de su reino. Este crecimiento también es el resultado de la obediencia del pueblo de Dios a su voluntad y su Palabra en el mundo.

Nuestra oración es que los principios del reino para el crecimiento de la iglesia se conviertan en sus principios orientadores y que tanto usted como su iglesia los apliquen. Así experimentará un crecimiento en su iglesia como el Señor lo desea.

Hemos preparado un bosquejo sencillo, fácil de recordar, de los principios que Dios nos dio para el crecimiento de la iglesia. Estos principios básicos, mandado por nuestro Señor, implican cambios en la vida, en la iglesia y no son difíciles de entender.

PRINCIPIO 1•5•4 DE CRECIMIENTO

El *Principio 1•5•4* presentado en este libro abarca y describe el proceso del reino para el crecimiento de la iglesia. Si usted lo practica en su iglesia con el espíritu que nuestro Señor lo dio, le dará la oportunidad a usted y a su iglesia, de experimentar el poder de Dios obrando en su iglesia, comunidad y aun más allá.

> El crecimiento de la iglesia es el resultado de la obra sobrenatural de Dios obrando mediante su pueblo para cumplir con los propósitos de su reino.

El *Principio 1•5•4* se repetirá con frecuencia para despertar dudas y ayudarle a comprender cómo cada parte del mismo se aplica al concepto total para el crecimiento de la iglesia. El principio comprende:

1 fuerza impulsora para el crecimiento de la iglesia:
La Gran Comisión

5 funciones esenciales para el crecimiento de la iglesia:
La evangelización
El discipulado
El compañerismo
El ministerio
La adoración

4 resultados:
Crecimiento numérico
Transformación espiritual
Expansión de ministerios
Avance del Reino

El *Principio 1•5•4* ofrece una comprensible guía (MAP) para que las iglesias y líderes de la misma sigan en su viaje de renovación del gozo del crecimiento de la iglesia.

El *Principio 1•5•4* obra en la esfera para la cual nuestro Señor repetidamente nos llama: El reino de Dios.

El primer capítulo de este libro analiza el lugar que ocupa el reino de Dios en el crecimiento de la iglesia.

Los siguientes tres capítulos ofrecen ideas de cómo la Gran Comisión se convierte en 1 fuerza impulsora para el crecimiento de la iglesia, dirige los cristianos y a las iglesias a conocer y practicar las 5 funciones esenciales de manera que experimenten los 4 resultados del crecimiento de la iglesia. El *Principio 1•5•4* ofrece una comprensible guía (MAP) para que las iglesias y líderes de la misma sigan en su viaje de renovación del gozo del crecimiento de la iglesia. Los últimos tres capítulos enseñarán el proceso práctico para comprender e implementar el *Principio 1•5•4*.

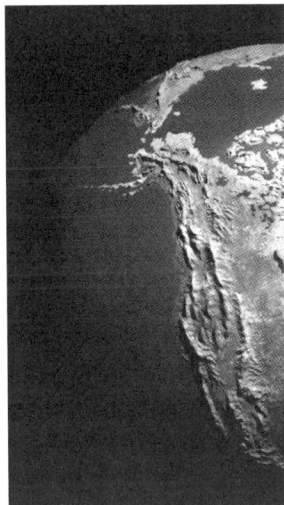

1

LA FUNCIÓN ESENCIAL DEL REINO DE DIOS EN EL CRECIMIENTO DE LA IGLESIA

E l reino de Dios es la roca firme, el fundamento para el crecimiento de la iglesia. Es un tema fundamental en el Nuevo Testamento y es el corazón de la predicación de Jesús.

Mucho antes que Cristo mencionara la iglesia, *«Jesús vino a Galilea predicando el evangelio del reino de Dios, diciendo: El tiempo se ha cumplido, y el reino de Dios se ha acercado; arrepentíos, y creed en el evangelio» (Mr 1.14-15).*

Jesús urgió a sus discípulos (y a nosotros) a orar:

«Padre nuestro que estás en los cielos, santificado sea tu nombre. Venga tu reino. Hágase tu voluntad, como en el cielo, así también en la tierra» (Mt 6.9-10).

Estos pasajes del Nuevo Testamento y otros setenta más hablan específicamente sobre el reino de Dios. También se encuentran en el Nuevo Testamento numerosos pasajes que se refieren a: «su reino», «mi reino» y el «reino de los cielos». Jesús habló sobre el reino de Dios en muchas ocasiones y enseñó a sus discípulos la importancia del mismo. Este fue el tema central de su predicación. Es evidente que Él quiere que comprendamos su reino, oremos por su cumplimiento y participemos con dedicación en su avance.

NUESTRO SEÑOR INVITA A LOS CREYENTES A PARTICIPAR EN EL CRECIMIENTO DEL REINO

El reino de Dios tiene muchas facetas. La idea central que penetra el concepto es que, en esta época, el reino está presente dondequiera que la voluntad y el reinado de Dios se establezcan en la vida de las personas por medio de la presencia de Cristo Jesús.

La voluntad de Dios es que le conozcamos en Cristo y vivamos por Él, de tal manera que realicemos su propósito en nuestras vidas, en este mundo y por la eternidad.

EL REINO DE DIOS NO TIENE LIMITES

El reino de Dios no es geográfico, político o social. No conoce límites humanos o terrenales; ni tampoco depende del esfuerzo humano. Dios ha decidido que usted y yo participemos en el avance de su reino, pero este descansa en su poder, no en el nuestro. El reino de Dios es, ante todo, «de relación». Dios quiere tener una relación redentora con nosotros. Quiere revelarse y tener compañerismo con nosotros como lo tuvo con Adán y Eva. Él establece y mantiene esa relación mediante la gracia salvadora de Cristo Jesús.

El reino de Dios no conoce límites humanos o terrenales.

NADA PUEDE DETENER EL REINO DE DIOS

El reino es de Dios. Él lo controla y mueve de acuerdo con su plan y voluntad. Crece porque son sus intenciones. Nadie puede detener su crecimiento porque nada puede detener a Dios. Él edifica a su Iglesia. Nada le detendrá en su edificación, porque su Iglesia es parte de su reino.

Cuando Pedro confesó que Jesús era el Mesías de Dios, Jesús declaró:

> *«Bienaventurado eres, Simón, hijo de Jonás, porque no te lo reveló carne ni sangre, sino mi Padre que está en los cielos. Y yo también te digo, que tú eres Pedro, y sobre esta roca edificaré mi iglesia; y las puertas del Hades no prevalecerán contra ella. Y a ti te daré las llaves del reino de los cielos; y todo lo que atares en la tierra será atado en los cielos; y todo lo que desatares en la tierra será desatado en los cielos»* (Mt 16.17-19).

Nada puede detener el crecimiento del reino porque nada puede detener a Dios.

Dios ha desarrollado su propósito de redimir a las personas de pecado a través de la historia del mundo. Intenta llamar a su pueblo fuera del mundo y nada le detendrá. La verdad maravillosa es que Él nos ha escogido a usted y a mí para llevar a cabo su obra.

El Señor trabaja constantemente y en todas partes edificando su reino. Está completando esa tarea aunque las condiciones a nuestro alrededor den la impresión de lo contrario.

EL REINO DE DIOS CRECE A PESAR DE LOS OBSTACULOS

El reino de Dios ha estado y está virtualmente bajo ataque en todas las direcciones. A través de la historia, el pueblo de Dios se ha enfrentado a grandes obstáculos. La experiencia enseña que las iglesias surgen y crecen, aunque también algunas decrecen y otras mueren. La supervivencia y el progreso del reino de Dios no dependen de lo que pueda suceder en una iglesia aquí o allá. Dios siempre tiene y levanta a alguien para que lleve a cabo la obra del reino.

Anímese, amigo cristiano. Es posible que su iglesia esté estancada o tal vez decreciendo, pero un gran número de iglesias está creciendo. Sea fiel; confíe en Dios; haga todo lo que pueda. La condición de su iglesia pudiera estar frenando el avance del reino en ese lugar, pero no es una amenaza para su desarrollo y crecimiento. Pudiera ser que las circunstancias adversas que estuviera enfrentando su iglesia, indicaran que el reino de Dios florecerá en otros lugares.

¿Qué ve usted alrededor de su vecindad e iglesia? ¿Ve las señales de Dios obrando, atrayendo personas a Él y a la salvación por medio de Cristo? ¿O ve que la asistencia a la iglesia y los bautismos disminuyen y que hay pocos ministerios y actividades? ¿Puede notar el aumento del crimen y la violencia? ¿Se incrementa el divorcio, el alcoholismo y la adicción a las drogas? Es posible que en algunos lugares la decadencia moral de la sociedad esté aumentando más rápidamente que la membresía de la iglesia. Los recursos financieros de las iglesias quizás están menguando con el transcurso de los años. Su iglesia pudiera estar en un área urbana en transición o en una rural donde la población esté cambiando o disminuyendo rápidamente. Esto reduciría las oportunidades de crecimiento de la iglesia.

A lo mejor usted se ha desalentado y se pregunta cómo se relacionan estas cosas en la declaración que hace Jesús respecto a que el reino de Dios está creciendo constantemente. Nos ayudará recordar, a usted y a mí, que el desaliento y las amenazas no son algo nuevo. Este fue el mismo ambiente que rodeó Jesús y a sus discípulos en aquellos tiempos. El crimen, la violencia, el fracaso moral, el desaliento, la decadencia moral y las amenazas con la vida nunca terminarán por completo sino hasta que Jesús regrese.

> Las circunstancias adversas en la iglesia y en el mundo no pueden detener el crecimiento del reino de Dios.

Estas cosas son evidencias de los ataques maliciosos de Satanás, pero no son señales de que el reino de Dios esté fracasando.

Lo que el Señor hace es siempre efectivo y completo. No podemos medir su obra en el mundo con normas humanas ni con nuestra percepción.

DIOS DA EL CRECIMIENTO AL REINO

Dios está edificando su reino. Lo hace con los creyentes, con aquellos que han confesado que Cristo Jesús es el Hijo de Dios, el enviado para redimirnos de nuestros pecados (Mt 16.18-19). Él quiere usarnos para que llevemos el mensaje de su reino al mundo, las buenas nuevas de salvación en Cristo. Nunca lo olvide: Él es el que da el crecimiento al reino. Necesitamos descubrir y comprender nuestro papel es este proceso de crecimiento. Debemos unirnos a Él en lo que está haciendo en el mundo que nos rodea.

Necesitamos comprender que el Señor desea usarnos en la tarea de alcanzar a las personas y redimirlas del pecado. No importa cuan rebeldes o pecadores sean. Dios quiere que todas tengan la oportunidad de salvarse. Somos sus instrumentos. Fuimos escogidos para cumplir con esa gloriosa tarea.

Tanto en los buenos como en los malos tiempos, Dios continúa actuando en la obra de redención. El libro de los hechos contiene muchos ejemplos de cómo la iglesia primitiva se enfrentaba a la opresión, la persecución y la muerte. Pero a pesar de esto, diariamente se añadían almas a la iglesia.

Dios puede estar obrando en las vidas de las personas que nos rodean, aun cuando parezca que no las estamos alcanzando. A pesar de que las estadísticas muestran que la asistencia, membresía y bautismos en la iglesia están disminuyendo, no debemos desalentarnos por esto. Dios todavía está obrando. Él se interesa mucho más que nosotros en el crecimiento de la iglesia y nos invita para que nos unamos a Él en la obra de redención.

EL CRECIMIENTO DEL REINO ES COMO LA SEMILLA DE MOSTAZA Y LA LEVADURA

Jesús reveló que el reino crece sin ruido ni anuncios. Es

Necesitamos descubrir y comprender nuestro papel en el crecimiento del reino y unirnos a Él en lo que está haciendo en el mundo.

El crecimiento de la iglesia responde a los propósitos de Dios.

como una semilla de mostaza en la tierra o como la levadura en la masa del pan. El reino crece de lo que parece casi imperceptible y llega a convertirse en algo maravilloso y poderoso. A pesar de lo que ocurra a nuestro alrededor, Dios sigue obrando para que el reino crezca. El objetivo de esa obra es traer hombres y mujeres al conocimiento salvador de Cristo Jesús.

LA IGLESIA CRECE A MEDIDA QUE SE ESTABLECE EL REINO DE DIOS

Para comprender el crecimiento de la iglesia debemos comenzar por entender el propósito de Dios para desarrollar su reino. El crecimiento de la iglesia no es un fin en sí mismo. Es parte de un cuadro más amplio del reino de Dios. Concentrarnos en el crecimiento de la iglesia y especialmente en los métodos que se utilizan es perder de vista lo que Dios anhela para cada creyente e iglesia.

En nuestra prisa por encontrar las maneras que nos permitan lograr rápidamente el crecimiento de la iglesia, nos olvidamos que el crecimiento del reino de Dios demanda sacrificio, compromiso y una entrega total de nuestras vidas. Al parecer muchos creyentes no comprenden lo que significa el sacrificio personal que nuestro Señor demanda para el crecimiento del reino. Otros no son capaces o simplemente no desean pagar el precio. Jesús les recordó a sus discípulos:

> «Si alguno quiere venir en pos de mí, niéguese a sí mismo, tome su cruz cada día, y sígame. Porque todo el que quiera salvar su vida, la perderá; y todo el que pierda su vida por causa de mí, éste la salvará» (Lc 9.23-24).

En ocasiones, una congregación se relocaliza trasladándose desde una zona vieja en transición a una nueva área. Muchas veces no dejan detrás ningún testimonio a los vecinos de la comunidad. ¿Es posible que estas congregaciones tengan un sentimiento secreto de que Dios ha terminado su obra en esa vieja comunidad? ¿Que ya Dios no redimirá más personas en ese lugar? ¿No es más fácil moverse que quedarse en una vecindad en transición y sacrificar nuestras vidas para ganar personas para el Señor? Cualquiera que sea el sentimiento que tengamos acerca de estas áreas, podemos estar seguros que Dios no las ha abandonado y nosotros tampoco debemos

Dios nunca abandona a una vecindad; ni tampoco nosotros debemos hacerlo.

Estudiar sobre la evangelización y el ministerio nunca debe sustituir a la acción de evangelizar y ministrar.

hacerlo. Está obrando en esos y otros sitios, edificando su reino. Nosotros debemos permanecer con Él.

Algunas iglesias, tratando de proveer una nueva vida a la obra, emplean mucho tiempo estudiando sobre la evangelización y las maneras de ministrar. Compran los últimos libros sobre estos temas. Aplican los métodos más modernos y gastan sus automóviles y autobuses llevando a las personas a conferencias sobre cómo ganar almas y ministrar, pero nunca se deciden a realizar el trabajo. Estudiar sobre la evangelización y el ministerio es bueno, pero el estudio no puede sustituir la labor de llevar las personas a Cristo, satisfacer sus necesidades y guiarlas a realizar una entrega total al Señor y su reino.

No nos prometio que cesarian las aflicciones

Jesús habló con frecuencia sobre las bendiciones del reino, pero nunca dio a entender que los sufrimientos y trabajos cesarían. Al contrario, dijo que para extender su reino serían necesarias las pruebas y luchas que los creyentes iban a enfrentar. Habló de la oposición, amenazas satánicas, decepción, fracasos pecaminosos y presiones para alejarse. Nunca prometió la comodidad ni la vida fácil.

> El crecimiento del reino requiere lucha y compromiso.

La mentalidad de fortaleza no tiene lugar en el reino de Dios

El reino es para todos. Los creyentes tienen la responsabilidad de alcanzar a los perdidos en cualquier lugar que estén y sin importar las condiciones en que vivan.

Antes de que una iglesia comience a buscar el crecimiento numérico, debe comprender las enseñanzas de Jesús sobre el reino de Dios. Sin un compromiso con Dios de unirse a Él en su plan para la redención del mundo, nuestros esfuerzos para lograr el crecimiento de la iglesia son un poco menos que simples impulsos egoístas de edificar una fortaleza contra los ataques del mundo y de Satanás.

> Dios no nos redimió para cuidar de su reino. Tampoco quiere que nos alejemos de las amenazas que nos rodean.

En el reino de Dios no hay lugar para una mentalidad así. Dios no nos redimió para que cuidáramos de su reino. Tampoco quiere que nos separemos o alejemos de las amenazas que nos rodean. Él nos ha dado el ministerio y el mensaje de la reconciliación (2 Co 5.18-19) y el poder de penetrar nuestro mundo pecador, oscuro y decadente, con el evangelio.

La aplicacion de los principios del reino facilita el crecimiento en la iglesia

El crecimiento de la iglesia no es un asunto de supervivencia; ni tampoco es una manera de conservar «nuestra clase» en nuestras congregaciones. El crecimiento de la iglesia es la aplicación de los principios del reino a las situaciones locales. Esto trae como consecuencia: (1) crecimiento numérico, (2) transformación espiritual, (3) expansión de ministerios y (4) avance del reino. Las técnicas y los métodos para el crecimiento de la iglesia que no contemplen el uso de la congregación para alcanzar a las almas perdidas están destinados a tener una corta vida.

Nuestra misión es idéntica a la de los primeros discípulos: predicar el reino de Dios. Jesús llamó a sus discípulos y les dio el poder y autoridad sobre los demonios:

«Y los envió a predicar el reino de Dios[...] Y saliendo, pasaban por todas las aldeas, anunciando el evangelio y sanando por todas partes» (Lc 9.2, 6).

La iglesia es la agencia de Dios para la redencion

La iglesia es una parte importante del reino, pero no es el reino completo. Es el instrumento de Dios para lograr la redención del mundo. Fue escogida por Él para presentar su mensaje a fin de guiar las personas al conocimiento de Cristo para que puedan obtener la salvación por medio de Él.

La existencia de una iglesia monolítica, una iglesia institucional organizada a la cual todos pertenecen no es necesaria y aun deseable. Dios tiene una Iglesia que es el cuerpo de Cristo, a la cual todo creyente pertenece; y es suficiente. La variedad en clases de iglesias y denominaciones y las diferencias en la estructura de las iglesias dentro de ellas, reflejan la libertad en el cuerpo de Cristo. La iglesia local es una expresión de la cultura de los miembros, de su comprensión de las Escrituras y de lo que la congregación debe ser y hacer. Cuando se adopta una estructura, esta debe

Nuestra misión es predicar el reino de Dios.

La variedad de iglesias y denominaciones, y sus estructuras, reflejan la libertad y la diversidad del cuerpo de Cristo.

estar en armonía con la verdad de Dios según aparece revelada en las Escrituras. Ninguna otra clase de iglesia puede ser un instrumento efectivo en su reino.

LA SANA DOCTRINA ES ESENCIAL PARA QUE EL REINO CREZCA

Lo que los cristianos creen y las congregaciones enseñan acerca de la iglesia local y del reino de Dios es fundamental para las vidas de los miembros. Por supuesto, cualquier doctrina que la iglesia local predique y enseñe debe estar de acuerdo con la verdad de Dios que aparece revelada en las Escrituras.

Las principales doctrinas que aceptan la mayoría de los cristianos evangélicos incluyen las siguientes creencias:

Jesucristo es Dios hecho carne, nacido de la virgen María, que vino a redimirnos de nuestros pecados y de la separación que teníamos de Dios.

Jesús hizo los milagros que se mencionan en las Escrituras.

Jesús murió en la cruz por nuestros pecados y resucitó al tercer día.

Jesús regresará corporalmente a esta tierra al final de los tiempos.

Las Escrituras no tienen errores y son completamente confiables. Fueron escritas para llevarnos a Dios y para obtener la salvación mediante Jesucristo.

EL CRECIMIENTO DE LA IGLESIA ES LA OBRA SOBRENATURAL DE DIOS

Cristo decidió edificar su reino mediante los creyentes de la iglesia que hacen su voluntad. (Mt 16.18). El crecimiento de la iglesia ocurre cuando Dios obra mediante su pueblo para cumplir sus propósitos, cuando el pueblo de Dios cumple su voluntad y su Palabra.

El crecimiento de la iglesia no es simplemente un concepto o método, sino que es un proceso divinamente revelado, basado en la voluntad y la obra de Dios en el mundo. La obra es de Dios, pero la responsabilidad de completarla se le ha dado a cada creyente e iglesia.

Nuestro Señor no nos ha dejado solos. Él está en el mundo, redimiendo al perdido, desarrollando creyentes y haciendo crecer a las iglesias. Nos ha comisionado para que nos unamos a Él en la obra de su reino y nos ha dado el poder para hacer su voluntad.

Cristo está en el mundo, redimiendo al perdido, desarrollando a los creyentes y haciendo crecer iglesias. Unámonos a Él sin demora.

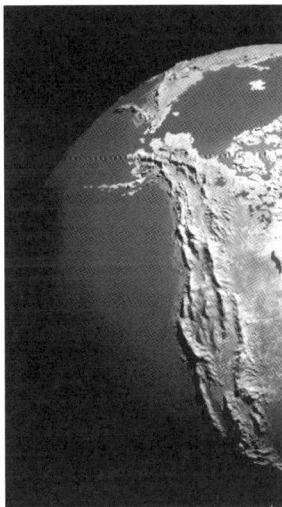

2

LA GRAN COMISIÓN: LA FUERZA IMPULSORA DEL CRECIMIENTO DE LA IGLESIA

Jesús, unos días antes de ascender para estar a la diestra del Padre, se reunió con sus discípulos en Galilea y les dio lo que conocemos como la Gran Comisión (Mt 28.16-20). Esta es la corona del ministerio terrenal de enseñanza del Salvador. Es su último mandato de evangelizar al mundo, tanto para sus discípulos como para cada creyente.

Este poderoso mensaje se grabó profundamente en las almas de los discípulos y los cambió para siempre. Desde entonces ellos predicaron y enseñaron a los primeros creyentes estas palabras que cambian vidas. Las iglesias primitivas escucharon y experimentaron un poder nunca antes conocido.

LA IGLESIA CRECIO A MEDIDA QUE LOS DISCIPULOS CUMPLIAN EL MANDATO DEL SEÑOR

Los primeros cristianos iban de una ciudad a otra, de un país a otro, encaraban la opresión y las dificultades haciendo lo que Dios les había ordenado.

Este hecho de ir a donde nadie había ido con el mensaje de redención todavía no se ha igualado. Vieron como los perdidos recibieron la salvación. Los bautizaron, enseñaron y les testificaron de la gran promesa del Señor: que Él estaría con ellos hasta el fin del mundo. Por los esfuerzos de esos primeros creyentes, el evangelio se extendió rápidamente a través del mundo conocido y no ha cesado de hacerlo hasta el día de hoy.

La Gran Comisión ha sido la fuerza impulsora de las misiones y la evangelización para los creyentes y las iglesias de cada generación desde los tiempos del Nuevo Testamento. Sigue siéndolo en la actualidad y permanecerá así para siempre.

Uno de los pasajes más citados de la Biblia es Mateo 28.19-20. No hay otros dos versículos de las Escrituras que hayan servido como instrumentos del llamado de Dios a los corazones de los cristianos para ser ministros, misioneros o laicos comprometidos para testificar. Quizás cuando niño haya memorizado la Gran Comisión. Tal vez la descubrió cuando recibió a Cristo o a través de su experiencia cristiana. El uso y la familiaridad no han disminuido su poder para inspirar y guiar a los creyentes a la evangelización y las misiones mundiales.

JESÚS HABLÓ A SUS DISCÍPULOS

La iglesia comenzó a crecer cuando Jesús le dijo a sus discípulos las palabras registradas en Mateo 28.18-20. La iglesia y el reino crecen y continuarán creciendo hasta que Él venga. Unámonos al Señor en su tarea de redimir a la humanidad perdida. Quiera Dios que, al igual que los primeros discípulos y creyentes de cada generación, tomemos en serio el mandato y la promesa de Jesús:

«Toda potestad me es dada en el cielo y en la tierra. Por tanto, id, y haced discípulos a todas las naciones, bautizándolos en el nombre del Padre, y del Hijo, y del Espíritu Santo; enseñándoles que guarden todas las cosas que os he mandado; y he aquí yo estoy con vosotros todos los días, hasta el fin del mundo» (Mt 28.18-20).

La Gran Comisión define la misión de Dios (que es también la nuestra) en el mundo. Es la orden de ponerse en marcha que el Señor da a cada uno de los creyentes y a las iglesias. Comprender el significado y toda su implicación es crucial si vamos a hacer el trabajo de la iglesia a la manera de Dios. Lo esencial de este libro es presentar las implicaciones que tiene la Gran Comisión para lograr el crecimiento de la iglesia en el siglo veintiuno.

Sin la fuerza impulsora de la Gran Comisión, el crecimiento de la iglesia será poco más que un intento mal dirigido para obtener cifras, incrementar matrículas, descubrir métodos, utilizar nuevas técnicas de mercadeo y hacer algo diferente.

Cuando la evangelización, el discipulado y el crecimiento de la iglesia se transforman en lo que hacemos para el Señor

> Sin la fuerza impulsora de la Gran Comisión, el crecimiento de la iglesia será poco más que un intento mal dirigido para obtener cifras, incrementar matrículas, descubrir métodos, utilizar nuevas técnicas de mercadeo y hacer algo diferente.

en vez de lo que hacemos con el Señor, rápidamente perdemos de vista su misión. Dios está más interesado que nosotros en ganar a las personas perdidas. Él ha estado en la misión de redimir a la humanidad perdida desde la caída de Adán y Eva en el jardín del Edén. Él es sabio en las maneras de ganar a las personas. Si queremos aprender de su sabiduría, usemos los principios expresados en la Gran Comisión en lugar de tratar de crear nuestros métodos.

Tenemos la tendencia de sustituir las cosas que son importantes para el Señor por las que lo son para nosotros. No es incorrecto usar técnicas y métodos ni el trabajar arduamente. Muy pocos en el reino de Dios están agotados por trabajar mucho. Sin embargo, hay muchos que están trabajando en cosas que no dan resultado. No podemos enamorarnos de las últimas técnicas y olvidarnos de la Gran Comisión. Esta es el principio fundamental del reino para el crecimiento de la iglesia. De esta aprendemos lo que es esencial para lograr que las iglesias crezcan, lo que espera nuestro Señor de nosotros y lo que nos promete. Démosle una nueva mirada a cada uno de los aspectos de este pasaje bíblico.

Toda potestad me es dada

«*Toda potestad me es dada en el cielo y en la tierra*». No podemos cumplir la Gran Comisión con nuestras fuerzas y a nuestra manera. El poder y la autoridad de hacer lo que nuestro Señor ha ordenado son suyos, no nuestros.

Jesús dio inicio a este mandato a la iglesia con una declaración de autoridad. Su poder lo incluye todo: el poder social, espiritual, político, económico y el creativo. Como Jesús es Dios, posee este poder y tiene el derecho de otorgarlo a los creyentes y a las iglesias.

El poder, la presencia y la autoridad de Cristo nos dan el derecho y el valor para ir por todas partes testificando de las buenas nuevas de salvación. Si no tuviéramos su poder y el mandato de proclamar el evangelio, nuestros esfuerzos de ganar a las personas para Cristo serían inútiles. El que gobierna la vida, la muerte, el universo y la eternidad nos mandó a ir por todo el mundo y predicar el evangelio. Dondequiera que vayamos, Él va. Dondequiera que Él vaya, nosotros debemos ir.

Cuando la evangelización, el discipulado y el crecimiento de la iglesia se transforman en lo que hacemos *para* el Señor en vez de lo que hacemos *con* el Señor, rápidamente perdemos de vista su misión.

El poder y la autoridad de hacer lo que nuestro Señor ha ordenado son suyos, no nuestros.

Id

«Por tanto, id». Cristo nos da la orden de llevar a todo el mundo su mensaje de esperanza y salvación. La iglesia que no va a las personas perdidas y les presenta el evangelio es como un restaurante que tiene la comida preparada pero se niega a servir a los hambrientos. Los creyentes y las iglesias no tienen el derecho de poseer el poder de Cristo si no le presentan el mensaje a los inconversos.

> La iglesia que no va a las personas perdidas y les presenta el evangelio es como un restaurante que tiene la comida preparada pero se niega a servir a los hambrientos.

No debemos ir únicamente a nuestras amistades, vecinos y desconocidos con el evangelio porque tengamos el derecho de hacerlo o porque nos motive la lástima que sentimos por las almas perdidas. Tenemos que ir porque Cristo nos lo ordena. Recibimos el mandato de ir con su poder y autoridad.

Jesús dijo en la parábola de la gran cena:

«Ve por los caminos y por los vallados, y fuérzalos a entrar, para que llene mi casa» (Lc 14.23).

Después que Zaqueo se convirtió, el Señor le dijo:

«Porque el Hijo del Hombre vino a buscar y a salvar lo que se había perdido» (Lc 19.10).

No debemos sentir temor de ir a cualquier lugar a presentar el evangelio. La victoria que buscamos no es nuestra. No la determina nuestro valor o habilidad. Buscamos el triunfo de Cristo y ese lo determina su voluntad y autoridad. Con esa autoridad nos unimos a Él en la obra de redimir a la humanidad.

La palabra griega que se traduce como *«id»* en la Gran Comisión literalmente significa «cuando vaya» o «según vaya». Su enfoque es la verdad de que siempre vamos a algún lugar. Estamos en movimiento. No permanecemos en un lugar fijo. Nos movemos. En cualquier lugar encontramos personas que necesitan a Cristo.

El segundo significado de la palabra *«id»* implica que los creyentes van desde sus hogares y familias a otras personas, naciones y culturas para presentar el evangelio.

Desde el principio, la iglesia ha enviado (Hch 13.1-3).

Envió creyentes de sus ciudades y países para llevar el evangelio a otras personas alrededor del mundo.

Debemos ir diariamente sin demora alguna. Tenemos que hablarles de Cristo a todos los que veamos o encontremos. También debemos ir «hasta lo último de la tierra» y presentar el evangelio a todas las personas (Hch 1.8). Para el cristiano, ir no es una opción, es el mandato del Señor.

HACED DISCÍPULOS

Necesitamos entender lo que Jesús quería decir cuando nos mandó a enseñar. La mejor traducción de la palabra griega para *enseñar* es «hacer discípulos». Para que una persona se convierta en un discípulo tiene que dejar su vida de pecado y recibir la salvación de Cristo. La vida cristiana comienza con el don de Dios de gracia y fe de confiar en Cristo. La salvación no es algo que la persona puede lograr por sí misma. Viene únicamente de Dios.

DIOS USA NUESTRO TESTIMONIO

Cuando vamos al mundo y presentamos a Cristo a otras personas, Dios usa nuestro testimonio para que conozcan y acepten la salvación. Es muy importante que vayamos y presentemos el evangelio, pero eso no salva a las personas. Dios las salva por su gracia y les da la capacidad de recibir a Cristo por medio de la fe (Ef 2.8-9). Cuando las personas, ayudadas por el Espíritu Santo, se arrepienten de sus pecados y se vuelven a Cristo se convierten en sus discípulos.

Un discípulo es un aprendiz, un seguidor de Cristo que ha experimentado un cambio radical en su vida y en la manera de vivirla. Los discípulos dan testimonio, con sus palabras y hechos, de que Cristo los ha salvado.

Los creyentes y las iglesias deben testificar, adorar, ministrar y trabajar de tal manera que hagan discípulos. Hay muchas personas que a pesar de que tratan sinceramente de agradar a Dios, pasan por alto este sencillo concepto. Cualquiera que sea mi ministerio o el de mi iglesia, si no tenemos discípulos como fruto, algo anda mal.

Cuando comprendemos que es sólo Jesús el que salva a

Para el cristiano, ir no es una opción, es el mandato del Señor.

Es muy importante que vayamos y presentemos el evangelio, pero eso no salva a las personas. Dios las salva por su gracia.

las personas y les da el poder para cambiar sus vidas, estaremos listos para dedicarnos a la tarea de hacer discípulos. Nuestro Señor conduce a las personas al arrepentimiento, la fe y la salvación. Nosotros somos sólo el instrumento que Él usa para realizar esta obra.

Somos colaboradores de Dios

Nuestro Señor nos invita a unirnos a Él como sus agentes para salvar a las personas del pecado. Nosotros complementamos su obra al emplear tiempo con las personas: enseñando, testificando y evangelizando. Se nos ha dado el privilegio de hablar de Cristo a las personas, aunque no estén conscientes de su necesidad del Señor. Sin embargo, pueden ganarse porque el Señor ya está trabajando en sus corazones, preparándolas para que escuchen el evangelio y sean salvas.

Somos colaboradores del Señor en el proceso de la redención. Él nos escogió para ser testigos, para presentar las buenas nuevas de la salvación a los inconversos. Debemos congregarnos a predicar el evangelio de Cristo a todo el mundo. Tenemos que buscar cada oportunidad de presentar el mensaje. Hay que estar dispuestos a que nos dirija hacia cualquier lugar como sus testigos.

Todas las naciones

La frase *a todas las naciones* abarca dos conceptos importantes: (1) El reino de Dios es para todas las personas. No está limitado a un grupo racial, nacional, social o cultural. (2) El evangelio revela el gran amor de Dios por todas las personas en cualquier circunstancia y lugar donde se encuentren. La tendencia a ser nacionalista y los prejuicios hacia otros reflejan una humanidad no regenerada. No es bíblico que la iglesia limite el alcance de su visión a parte del mundo y no a todo el mundo.

Dios creó una gran variedad de naciones y grupos étnicos con diferentes idiomas, costumbres e intereses. Porque Él los creó, también quiere redimirlos. Y esto es lo que hace.

El corazón de Dios no se limita a salvar las personas en un solo lugar, región o nación. Envió a Cristo para salvar a todo el que crea en Él. El sentir de los creyentes por las

---

No es bíblico que la iglesia limite el alcance de su visión a parte del mundo y no a todo el mundo.

El sentir de los creyentes por las misiones y el crecimiento de la iglesia no deben ser menos que los del Padre.

misiones y el crecimiento de la iglesia no deben ser menos que los del Padre. No debemos limitar nuestro testimonio a un solo lugar. Los creyentes y las iglesias deben tener una visión global.

EL EVANGELIO ILIMITADO

Los únicos límites geográficos o de otra índole que tiene el evangelio, son los que imponemos con nuestras vidas. Muchas personas no comprenden las dimensiones globales del evangelio. La tendencia es a mantenernos entre los grupos que nos proporcionan comodidad, a reunirnos con aquellos que nos identificamos. Pero la Gran Comisión nos lleva a ver cómo es el mundo en realidad y a andar en él, llevando el mensaje de la salvación a los necesitados.

Desafortunadamente, algunas iglesias aplican sus métodos y limitan su estrategia a los lugares cercanos. Aunque nadie en esas congregaciones admitiría esa visión limitada, el trabajo que realizan lo revela. Este se limita a su congregación y cuando más a la localidad. Edificar una congregación sin una visión mundial es anti-bíblico y no honra a Cristo que nos ordenó ir a todas las naciones.

Desde que se inicia el proceso de la redención, el mensaje de Dios ha sido «id». Cuando determinó llamar a las personas, primeramente estableció la nación de Israel. Llamó a Abram para que dejara su tierra y parentela, fuera a la tierra prometida y se convirtiera en el antecesor de los israelitas. Dios dijo a Abram:

«Vete de tu tierra y de tu parentela, y de la casa de tu padre, a la tierra que te mostraré. Y haré de ti una nación grande, y te bendeciré, y engrandecerá tu nombre, y serás bendición. Bendeciré a los que te bendijeren, y a los que te maldijeren maldeciré; y serán benditas en ti todas las familias de la tierra» (Gn 12.1-3).

Dios también dio su mensaje misionero mediante los profetas:

«A todo lo que te envíe irás tú, y dirás todo lo que te mande» (Jer 1.7).

> Desde que se inicia el proceso de la redención, el mensaje de Dios ha sido «id».

25

Finalmente, Dios descendió de los cielos a la tierra en la persona de su Hijo para redimir al pueblo de sus pecados. Mandó a sus hijos a ir a todas las personas con su mensaje de salvación. Dios, al darnos su presencia y promesa, nos enfrenta a su llamado de alcanzar al mundo con el evangelio.

La Gran Comisión despierta en nosotros el anhelo de ver que cada persona en la tierra alcance la salvación. La pasión que tenemos por Cristo crea el anhelo de que otros lo conozcan. Esto sólo se puede comprender cuando el amor de Cristo controla nuestros corazones y mentes.

DIOS OBRA DIARIAMENTE EN LA EDIFICACION DE SU REINO

Dios nos manda a ir por el mundo a recoger la cosecha de las almas que Él está llamando. Nunca debemos preocuparnos si hay personas perdidas. Están a todo nuestro derredor. Tampoco tenemos que preguntarnos si necesitan el evangelio. Jesús dijo:

> *«La mies a la verdad es mucha, mas los obreros pocos; por tanto, rogad al Señor de la mies que envíe obreros a su mies» (Lc 10.2).*

Dios está preparando constantemente a las personas para que reciban el mensaje de salvación. Están listas para empezar a formar parte de su reino. Quizás no nos parezcan preparadas o dispuestas a oír el evangelio. Pero eso no nos concierne a nosotros. Lo que tenemos es que hablarles del evangelio. Si aceptan o rechazan el mensaje es un asunto de ellas y el Señor.

Las personas no se pueden preparar espiritualmente a sí mismas para recibir el mensaje de Dios. Ni tampoco nosotros somos responsables de hacerlo. Debemos testificarles, orar por ellas, amarlas y llevar vidas que reflejen a Cristo. Sólo Dios prepara los corazones de las personas para recibir a Cristo.

SEGUIR EL EJEMPLO DE DIOS TRAE SEGURIDAD

Hace años tuve una nueva idea cuando leí Juan 5.17. Las

Dios nos manda a ir por el mundo a recoger la cosecha de las almas que Él está llamando.

autoridades religiosas judías estaban criticando y amenazando a Jesús por sanar en el día sábado. Su respuesta a los que lo condenaron fue: «Mi Padre hasta ahora trabaja y yo trabajo». Otra traducción aclara aún más el versículo: «Mi Padre siempre hace el bien, y yo sigo su ejemplo». Una buena paráfrasis de esta declaración podría ser: «Mi Padre siempre está trabajando y yo me uno a Él».

Cuando esas palabras penetraron en mi corazón, me sentí libre y seguro para ir a cualquier lugar a llevar el evangelio. Hasta este día tengo la misma seguridad. Saber que seguimos el ejemplo del Padre nos da confianza y fortaleza para hacer su obra y voluntad.

Finalmente, estas palabras dinámicas y conmovedoras, «*haced discípulos a todas las naciones*», significan que debemos ir bajo el mandato de Cristo a todos los pueblos del mundo y hacer discípulos de los inconversos. Tenemos que llegar hasta donde el Señor nos dirija. Jesús claramente bosquejó la misión mundial de la iglesia:

> «*No os toca a vosotros saber los tiempos o las sazones, que el Padre puso en su sola potestad; pero recibiréis poder, cuando haya venido sobre vosotros el Espíritu Santo, y me seréis testigos en Jerusalén, en toda Judea, en Samaria, y hasta lo último de la tierra*» (Hch 1.7, 8).

¿Qué podría ser más claro y más a tono? Los creyentes tienen el poder del Espíritu de Dios para testificar de Él en todo lugar, en cualquier país alrededor del mundo.

Las palabras del Señor suenan en nuestros corazones y nos juzgan cuando no obedecemos su mandato de ir hasta lo más remoto de la tierra.

BAUTIZAR

«*Bautizándolos en el nombre del Padre, y del Hijo, y del Espíritu Santo*». Esta declaración es una parte sobresaliente de la Gran Comisión. ¿Quién iba a pensar que el bautismo era tan importante para estar en la Gran Comisión junto a ir por todo el mundo, hacer discípulos y enseñar lo que Dios ha mandado? Pero es así. El bautismo es una enseñanza importante en las Escrituras y

Los creyentes tienen el poder del Espíritu de Dios para testificar de Él en todo lugar, en cualquier país alrededor del mundo.

una parte esencial del esfuerzo de la iglesia de hacer discípulos en todas las naciones.

EL BAUTISMO: ES UN ACTO DE OBEDIENCIA

No debemos perder de vista el significado e importancia del bautismo. Jesús lo mandó y sus mandatos nunca deben tomarse a la ligera. El bautismo nunca debe posponerse por la conveniencia de los que no lo comprenden o no pueden ser persuadidos a bautizarse según las Escrituras.

Las personas que no quieren bautizarse quizás no entiendan el significado y la importancia del mismo, o no se han entregado a Dios y su reino. Debemos pasar el tiempo que sea necesario ayudando a estas personas a comprender que su experiencia de salvación debe estar acompañada por el bautismo. Los creyentes deben esperar pacientemente que esas personas comprendan el significado del bautismo y la misión de vivir como discípulos. El bautismo es un acto de obediencia y representa la identificación de la persona con la muerte, sepultura y resurrección de Cristo.

EL BAUTISMO: SIMBOLO DE REDENCION

El bautismo simboliza lo que Dios ha hecho por nosotros en la redención. Cuando Cristo nos redime, morimos al pecado y resucitamos a una nueva vida con Él. Las cosas viejas, incluyendo los deseos y estilos de vida, pasaron y todas las cosas son hechas nuevas (2 Co 5.17). Somos de Cristo. El murió por nosotros y vive en nosotros. El bautismo es un símbolo de esa muerte y resurrección espiritual.

El bautismo expresa nuestra fe en la muerte, sepultura y resurrección literal de Cristo y representa nuestra futura muerte, sepultura y resurrección. Significa también que por la sangre que Cristo vertió en la cruz somos limpios de nuestros pecados. Finalmente, el bautismo es un medio por el cual los convertidos declaran públicamente su entrega a Cristo.

Independientemente de si una persona comprende o no el bautismo y de lo que piense sobre el mismo, la Biblia muestra que tenemos que seguir a Cristo con

El bautismo es una enseñanza importante en las Escrituras y una parte esencial del esfuerzo de la iglesia de hacer discípulos en todas las naciones.

El bautismo es un medio por el cual los convertidos declaran públicamente su entrega a Cristo.

arrepentimiento, fe y el bautismo de creyentes. El bautismo nos prepara para ser miembros de la iglesia y es una parte importante de nuestro discipulado cuando, por la gracia de Dios, somos salvos para vida eterna.

Cuando nos bautizamos en el nombre del Padre, del Hijo y del Espíritu Santo, reconocemos que pertenecemos al trino Dios y que todos los aspectos de nuestra vida están bajo su control. El bautismo es un medio de honrar y alabar al Señor. Nuestro bautismo debe venir al comienzo de nuestro peregrinar con Cristo.

Ir al mundo perdido para hacer discípulos, bautizarlos y enseñarles es el centro de la Gran Comisión. Nada tiene poca importancia en este mandato. Nada se debe omitir.

ENSEÑARLES

«Enseñándoles que guarden todas las cosas que os he mandado». Los tres mandatos de la Gran Comisión son: hacer discípulos, bautizarlos y enseñarles. Ellos describen nuestra función para cumplir con el deseo del Señor de redimir al mundo.

Quizás parezca lo mismo hacer discípulos y enseñar, pero no lo es. *Hacer discípulos* significa hacer seguidores de Cristo de aquellos que no lo conocen. *Enseñarles* es traer a los que ya han sido redimidos y bautizados a establecer una relación más profunda con Cristo, a una mejor comprensión de su voluntad.

ENSEÑAR: UN PROCESO DE EDIFICAR EL REINO

Las iglesias son las agencias de crecimiento en el reino de Dios. Los creyentes en las iglesias son los agentes del crecimiento espiritual en las vidas de otros creyentes. Jesús nos mandó específicamente que enseñáramos a otros las cosas que Él nos ha mandado.

Enseñar es el proceso por el cual la iglesia se edifica mediante sus miembros. Estos traen vida a otros al presentarles el evangelio. Los nuevos creyentes se bautizan obedeciendo el mandato de nuestro Señor. Luego son orientados para obtener la madurez espiritual. Se les ayuda a conocer las cosas que Él ha mandado.

Nada tiene poca importancia en la Gran comisión. Nada se debe omitir.

Enseñarles es traer a los que ya han sido redimidos y bautizados a establecer una relación más profunda con Cristo, a una mejor comprensión de su voluntad.

No podemos llevar a otros más allá de donde nosotros hemos llegado con Cristo. La vida cristiana no puede enseñarse de palabra solamente. Debemos mostrar a otros, por medio de nuestras acciones, cómo es la vida cristiana.

1 Juan 3.18 nos recuerda:

«Hijitos míos, no amemos de palabra ni de lengua, sino de hecho y en verdad».

De nuevo, Colosenses 3.16-17 declara:

«La palabra de Cristo more en abundancia en vosotros, enseñándoos y exhortándoos unos a otros en toda sabiduría, cantando con gracia en vuestros corazones al Señor con salmos e himnos y cánticos espirituales. Y todo lo que hacéis, sea de palabra o de hecho, hacedlo todo en el nombre del Señor Jesús, dando gracias a Dios Padre por medio de él».

Enseñar el discipulado demanda tiempo y paciencia

Llevar las personas a que tomen una decisión por Cristo no es fácil, pero es más sencillo que discipularlas. Discipular a otros demanda tiempo, habilidad y paciencia. Requiere dedicación al Señor y a los creyentes que tratamos de edificar en la fe.

Discipular implica una separación radical de la norma. Dar información no es lo más importante en el proceso de enseñar las personas a obedecer al Señor. Debemos estar dispuestos a ir donde viven e invertir la mejor parte de nuestras vidas con ellos. Debemos estar dispuestos a mostrar a otros que confían en Él todo lo que Cristo hizo por nosotros en la salvación y nuestro crecimiento espiritual.

Más adelante, insistiremos sobre el proceso de discipular a otros. Por ahora, deseamos que comprenda que el plan de Dios para la redención es mucho más que la conversión y el bautismo. Dios quiere que enseñemos a los creyentes a vivir, comportarse y sobre todo a pensar como Cristo. Esto sólo se logra, básicamente, de persona a persona. Aprendemos de otros cristianos a vivir por

La vida cristiana no se puede enseñar sólo con palabras. Debemos mostrar a otros cómo es la vida cristiana por medio de nuestras acciones.

Debemos estar dispuestos a mostrar a otros que confían en Él todo lo que Cristo ha hecho por nosotros.

Cristo y enseñamos a otros cómo vivir por Él. Esta es la manera de Dios y su voluntad para nuestras vidas.

Yo estoy con vosotros

«Y he aquí yo estoy con vosotros todos los días, hasta el fin del mundo». Quizás pueda imaginarse la reacción de los discípulos cuando Jesús los comisionó a evangelizar al mundo. A lo mejor vio miradas de duda y asombro en sus rostros. Tal vez en ese momento Jesús vio ojos sorprendidos, preguntándose en ese momento si podrían hacer lo que Él mandaba.

Como sólo un amigo íntimo lo haría, Jesús los miró uno a uno y les dijo: «Yo estoy con vosotros todos los días, hasta el fin del mundo». Posiblemente respiraron con fuerza y pensaron: Él va a estar con nosotros, Si es así, ¿quién puede estar contra nosotros?

No estamos solos

Jesús informó a sus discípulos que Él estaría con ellos para ayudarlos a cumplir su Comisión. No dio esa promesa como si se le hubiera ocurrido en ese momento. Su promesa fue intencional y directa. No nos da órdenes de marchar y nos deja solos para que nosotros resolvamos las cosas. Cuando vamos por todo el mundo evangelizando, bautizando y enseñando, el Señor está a nuestro lado, a nuestro alrededor, con nosotros. Sólo Él puede redimir a las personas de sus pecados. Nos unimos a su invitación de vivir con Él y darle nuestra vida total y completamente.

El tiempo para cumplir la Gran Comisión es limitado. Un día se acabará y no podremos trabajar y hacer discípulos, ni bautizarlos, ni enseñarles. El fin del mundo vendrá. La historia terminará con la venida de Cristo. Entonces echaremos a un lado nuestras herramientas e iremos delante de nuestro Señor a rendirle cuenta de nuestra mayordomía de la Gran Comisión.

Comisionados para
ir por todo el mundo

La promesa de Cristo nos permite ir por el mundo para llevar a las personas el evangelio que cambia las vidas.

> Jesús no nos da órdenes de marchar y nos deja solos para que nosotros resolvamos las cosas.

> El tiempo para cumplir la Gran Comisión es limitado.

> La Gran Comisión ayudará a las iglesias a no caer en la trampa de hacer las cosas *buenas* en vez de hacer lo *mejor*.

Muchos van a recibir el mensaje, porque el Señor está obrando, convenciéndolos y trayéndolos al arrepentimiento y la fe. Debemos ayudarles a comenzar una nueva vida en Cristo. También los debemos bautizar y enseñarles las cosas que hemos aprendido de Cristo.

No triunfaremos en el crecimiento de la iglesia hasta que comprendamos nuestra función de edificar el reino de Dios. El crecimiento de la iglesia viene cuando Dios obra en el corazón de las personas en respuesta a la acción de los creyentes al llevar a cabo la Gran Comisión.

Comenzar con las cosas que la Gran Comisión traza con claridad, ayudará a las iglesias a no caer en la trampa de hacer las cosas buenas en vez de hacer lo mejor. A pesar de lo importante que es el ministerio, debemos dirigir nuestras energías y atención a las primeras cosas que el Señor nos ha encargado. Aunque por lo general hacer discípulos, bautizar y enseñar van simultáneamente en la iglesia, debemos mantener nuestras prioridades de acuerdo con las de la Gran Comisión.

CONCENTRARSE EN EL CUMPLIMIENTO DE LOS MANDATOS DE CRISTO

Debemos concentrarnos en cumplir los mandatos de Cristo y hacer su voluntad tal como aparece reflejada en Cristo y hacer su voluntad tal como aparece reflejada en la Gran Comisión. De otra manera, no tendremos el poder para lograr el crecimiento de la iglesia. Las iglesias crecerán si aplicamos los principios del reino que el Señor nos ha dado.

La Gran Comisión es el *1* en el *Principio 1•5•4* para el crecimiento de la iglesia. Ahora veamos cómo se puede aplicar el *Principio 1•5•4* en su vida y en la iglesia. El próximo capítulo presenta cinco cosas que cada iglesia debe hacer para crecer.

Los siguientes capítulos le ayudarán a comprender y aplicar otros principios del reino para el crecimiento de la iglesia en su vida, ministerio y congregación.

La Gran Comisión es el 1 en el Principio 1•5•4 para el crecimiento de la iglesia.

CINCO COSAS QUE CADA IGLESIA DEBE HACER PARA CRECER

Los creyentes nunca serán los mismos una vez que formen parte de una iglesia creciente. Quizás no sepan por qué la iglesia está creciendo, pero sí conocerán el gozo y el entusiasmo que se siente al pertenecer a la misma. Para ellos su iglesia es de gran bendición.

Otros sin embargo experimentarán lo contrario. Son miembros de iglesias que están decreciendo. Pueden sentir la mortandad espiritual de su iglesia. Quizás no sepan que su iglesia debe y pudiera crecer. Pero se han resignado a esa situación. Tal vez piensen que razones, tales como: el cambio de vecindario, una congregación de personas mayores o la falta de deseos sean las que están impidiendo que la iglesia crezca.

NUESTRO SEÑOR QUIERE QUE SU IGLESIA CREZCA

El contraste entre una iglesia que crece y otra que decrece es dramático. La experiencia de estar en una iglesia creciente es emocionante; la de estar en una iglesia estancada o declinando es desalentadora. Las iglesias que se estancan son una tragedia innecesaria. Nuestro Señor anhela que todas las iglesias crezcan. Él provee el poder espiritual y los medios para que esto suceda.

Cuando los creyentes se unen al Señor en el crecimiento del reino y dependen de su poder e instrucciones, sus iglesias comienzan una etapa vigoroza de crecimiento.

CINCO FUNCIONES: LA PUERTA AL CRECIMIENTO

El Nuevo Testamento presenta las cinco funciones que cada iglesia debe realizar para cumplir con la Gran Comisión. Quizás no sean nuevas para usted; ni le parezcan profundas. A lo mejor las ha escuchado tantas veces que han perdido el significado. Aun así, producen un efecto profundo y cambian vidas cuando se practican. Estas funciones son *evangelización, discipulado, compañerismo, ministerio y adoración.*

No es suficiente escuchar o leer acerca de estas cinco funciones. Ellas deben llegar a ser una parte activa en nuestras vidas antes de que podamos experimentar el poder dado por Dios para el crecimiento.

La manera de Dios
para edificar su reino

La Gran Comisión es el plan de acción de Dios para cada creyente e iglesia. Debemos seguir el mandato de Cristo hasta que no podamos trabajar más. Será nuestra guía en el servicio a nuestro Señor hasta que pasemos a la eternidad. Las verdades de la Gran Comisión parecen sencillas y comunes. El Señor deliberadamente hace sencillas las verdades espirituales para ayudarnos a conocer y obedecer su voluntad (1 Co 1.19-21).

Jesús vino a la tierra para cumplir la voluntad del Padre de redimir a las personas y traerlas a Él. La venida de Cristo, su muerte y resurrección son el cumplimiento del plan redentor de Dios para la humanidad. Sólo por medio de Jesucristo es que se puede salvar el hombre de la pena del pecado.

La Gran Comisión es la voluntad de Dios expresada a su pueblo por medio de su Palabra y mediante este al mundo. El pueblo de Dios la debe llevar a cabo como una forma de adorarle permanentemente.

El Nuevo Testamento contiene las cinco funciones que cada iglesia debe cumplir colectivamente en obediencia al mandato del Señor. Los creyentes las deben practicar para cumplir con su llamamiento. Al examinar cada función, tenga presente que esta es la manera de Dios para desarrollar a las iglesias y edificar su reino en este mundo.

1. Evangelizacion (Hechos 2.38-41)

Ninguna iglesia puede crecer sin la evangelización. ¿Cómo puede un ministro, creyente o iglesia decir que cree que la salvación sólo se puede recibir por medio de Cristo Jesús en un acto de gracia sobrenatural y no contar esas nuevas a otros? Es imposible que digamos que creemos en algo tan grandioso como el amor de Dios y luego nos neguemos a contarles a otros, con entusiasmo y gozo, las buenas nuevas de salvación.

Por otra parte no se concibe que anunciemos el mensaje de la salvación de Dios sin cumplir las demandas del evangelio. Tomar seriamente la cruz de Cristo es la parte más

---

Las cinco funciones esenciales para el crecimiento de la iglesia son:
Evangelización
Discipulado
Compañerismo
Ministerio
Adoración

La Gran Comisión es la voluntad de Dios expresada a su pueblo por medio de su Palabra y mediante este al mundo.

Hechos 2.38-41

«Pedro les dijo: Arrepentíos, y bautícese cada uno de vosotros en el nombre de Jesucristo para perdón de los pecados; y recibiréis el don del Espíritu Santo. Porque para vosotros es la promesa, y para vuestros hijos,

(Continúa en la siguiente página...)

importante de la evangelización. Eliminar la cruz es eliminar el evangelio.

El centro de la evangelizacion: las buenas nuevas del reino

Las buenas nuevas del reino de Dios son el corazón de la evangelización. Esto fue lo que Dios intentó desde el principio (Ap 13.8). Fue su propósito en el Antiguo Testamento. Llamó a Israel, su pueblo escogido, y lo redimió de la esclavitud egipcia y del exilio babilónico. No hay dudas de que la evangelización fue el propósito principal de Dios en el Nuevo Testamento. Eso fue lo que Él cumplió en Cristo Jesús.

Pablo informó a la iglesia en Galacia lo siguiente:

«Pero cuando vino el cumplimiento del tiempo, Dios envió a su Hijo, nacido de mujer y nacido bajo la ley, para que redimiese a los que estaban bajo la ley, a fin de que recibiésemos la adopción de hijos» (Gá 4.4-5).

El escritor de Hebreos declaró:

«Dios, habiendo hablado muchas veces y de muchas maneras en otro tiempo a los padres por los profetas, en estos postreros días nos ha hablado por el Hijo, a quien constituyó heredero de todo, y por quien asimismo hizo el universo» (He 1.1-2).

Definicion de la evangelizacion neotestamentaria

La evangelización cristiana se realiza cuando los creyentes hablan del evangelio a los perdidos. Es pedirles que se arrepientan de sus pecados y que depositen su fe en Cristo para recibir el perdón de los pecados y el regalo de la vida eterna. Es lograr que sigan a Cristo como Señor para siempre. La evangelización consiste en que los creyentes presenten las buenas nuevas y demuestren con sus vidas lo que puede hacer Cristo.

Los líderes y los miembros de la iglesia primitiva en Jerusalén se regocijaron:

«Y ellos salieron de la presencia del concilio, gozosos de haber sido tenidos por dignos de padecer afrenta por causa del Nombre.

y para todos los que están lejos; para cuantos el Señor nuestro Dios llamare. Y con otras muchas palabras testificaba y les exhortaba, diciendo: Sed salvos de esta perversa generación. Así que, los que recibieron su palabra fueron bautizados; y se añadieron aquel día como tres mil personas» (Hch 2.38-41).

Tomar la cruz de Cristo seriamente es la parte más importante de la evangelización. Eliminar la cruz es eliminar el evangelio.

La evangelización consiste en la presentación de las buenas nuevas por los creyentes. Sus vidas deben mostrar lo que Cristo puede hacer.

Y todos los días, en el templo y por las casas, no cesaban de enseñar y predicar a Jesucristo» (Hch 5.41-42).

Estos primeros creyentes se sintieron responsables y privilegiados por proclamar el mensaje de salvación. La persecución y el temor no los callaron. Ni tampoco disminuyó el poder de Dios. Estos devotos seguidores de Cristo se convirtieron en un modelo para la evangelización en los tiempos modernos.

Durante este período, el Señor enfrentó a Saulo de Tarso con sus pecados. Ananías, uno de los primeros creyentes, le testificó. Saulo que persiguió a los cristianos, se convirtió en Pablo el evangelista misionero que predicó eficazmente la gracia y el poder salvador de Cristo Jesús.

El esfuerzo evangelístico de los primeros cristianos difundió el evangelio a través de las regiones de Judea y Samaria, los territorios a su alrededor y finalmente a todo el mundo conocido. Hoy la evangelización es una función dada por Dios para el crecimiento de la iglesia y del reino.

> La evangelización es una función dada por Dios para el crecimiento de la iglesia y del reino.

EL MENSAJE ES MAS IMPORTANTE QUE LOS MÉTODOS

Los métodos evangelísticos son importantes, pero no tanto como el evangelio. La forma de presentar el evangelio es valiosa, pero no tanto como la necesidad de hablar del evangelio a otros. Quizás prefiramos establecer una relación con las personas a las que deseamos testificarles. Tal vez no nos sintamos bien al hablar del evangelio a los extraños. En cualquier caso, el evangelio debe presentarse a cada persona que sea posible y en cualquier ocasión que se presente.

> El evangelio debe presentarse a cada persona que sea posible, en cualquier ocasión que se presente.

Desafortunadamente, hablamos y argumentamos sobre los métodos, mientras los que nos rodean perecen. *La forma* en que testificamos nunca debe sustituir a *la razón* por la que lo hacemos.

SALVOS PARA EVANGELIZAR A OTROS

Somos salvos para evangelizar al perdido. La evangelización no es sólo una creencia; es un proceso de interacción espiritual entre las personas salvadas y las personas perdidas. No somos evangelizadores sólo porque creemos en el evangelio o sentimos pena por los que están perdidos en el pecado. No seremos evangelizadores aun cuando estudiemos el evangelio o recibamos la preparación necesaria para dar nuestro testimonio y presentar el mensaje. Sólo seremos evangelizadores cuando hablemos del evangelio y de nuestra fe en Cristo Jesús a los que no lo conocen como Señor y Salvador.

Pablo nos recuerda que Dios nos salvó y nos dio el ministerio de la reconciliación:

«Y todo esto proviene de Dios, quien nos reconcilió consigo mismo por Cristo, y nos dio el ministerio de la reconciliación; que Dios estaba en Cristo reconciliando consigo al mundo, no tomándoles en cuenta a los hombres sus pecados, y nos encargó a nosotros la palabra de la reconciliación» (2 Co 5.18-19).

DEBEMOS UNIRNOS A NUESTRO SEÑOR EN LA EVANGELIZACION DE CADA PERSONA

Somos salvos de nuestros pecados y de nuestra separación de Dios, en parte para participar en su obra de reconciliar con Él a las personas perdidas. La misión de Dios es redimir a los pecadores. Su método es que los creyentes presenten el mensaje que libera y lleven a cabo el ministerio de redención en este mundo.

Dios decidió redimir a las personas de sus pecados, por lo que debemos unirnos a Él procurando evangelizar a cada persona en el mundo. Si no evangelizamos a las personas que están separadas de Dios, no estamos obedeciéndole y no estamos unidos a Él en la tarea que quiere que los creyentes y las iglesias hagan.

LOS INFORMES REVELAN FRACASOS EN LA EVANGELIZACION

Las estadísticas denominacionales, los informes de las convenciones de los estados, las asociaciones y las iglesias entristecen a los creyentes fieles cuando ven el bajo número de bautismos informados por muchas iglesias.

En la misma medida que la población del mundo crece y el Señor obra para redimir a las personas perdidas, más cristianos e iglesias parecen evangelizar menos. Los bautismos no son el único indicador que se usa para medir el crecimiento de las iglesias, pero las conversiones no se mantienen al mismo ritmo del crecimiento de la población.

Somos evangelizadores sólo cuando hablemos del evangelio y de nuestra fe en Cristo Jesús a los que no lo conocen como Señor y Salvador.

Dios decidió redimir a las personas de sus pecados, por lo que debemos unirnos a Él procurando evangelizar a cada persona en el mundo.

LA EVANGELIZACION: FUNCION ESENCIAL PARA EL CRECIMIENTO DE LA IGLESIA

Nunca debemos reemplazar la evangelización. Al fin y al cabo, todo lo que hagamos en la iglesia bien sea de manera individual o colectivamente, debe estar encaminado a testificar a los perdidos y a hacer discípulos. Cuando no sucede así, no puede haber un crecimiento legítimo, aunque estemos muy ocupados o parezca que estamos logrando mucho. Pablo nos recuerda la importancia de la evangelización al declarar:

> *«Pues si anuncio el evangelio, no tengo por qué gloriarme; porque me es impuesta necesidad; y ¡ay de mí si no anunciare el evangelio!» (1 Co 9.16).*

Cada cristiano tiene la responsabilidad de anunciar las buenas nuevas de la venida de Cristo y su muerte, sepultura, resurrección y segunda venida. Si no lo hacemos tendremos que rendir cuenta al Padre. La manera de llevar el mensaje no es lo más importante. La responsabilidad de dar el mensaje es el asunto decisivo.

La evangelización bajo el señorío de Cristo es la única manera de hacer discípulos. No importa todas las demás cosas que hagan las iglesias, lo más importante es que tienen que hacer discípulos. La evangelización es única debido a que la necesidad del evangelio es universal y el mensaje es general y efectivo para todas las culturas. La evangelización no es más que el creyente presentándole el evangelio al perdido de manera que ambos lo comprendan.

LOS CREYENTES SON LOS RESPONSABLES DE LLEVAR EL MENSAJE DE LA SALVACION

«Así que la fe es por el oír, y el oír, por la palabra de Dios» (Ro 10.17). Nuestra responsabilidad es presentarle el mensaje a los que no lo han escuchado o no han respondido positivamente ante el mismo. La palabra de Dios tiene poder en sí misma para atraer a las personas a Cristo para que reciban la salvación (Is 55.11).

¡Cuán adecuado es que Dios escoja a pecadores salvados para presentar el evangelio! Sólo el redimido comprende lo que es la separación y el valor de la salvación. Nosotros

Todo lo que hagamos en la iglesia bien sea de manera individual o colectivamente, debe estar encaminado a testificar a los perdidos y a hacer discípulos.

La palabra de Dios tiene poder en sí misma para atraer a las personas a Cristo para que reciban la salvación.

sabemos lo que es estar perdido y ser salvo. Experimentamos lo que es rendirse por medio del poder del Espíritu Santo para recibir el evangelio. Sabemos lo que es oír y responder al evangelio. Conocemos lo que es arrepentirse de los pecados y confiar en Cristo. Comprendemos lo que significa llegar a ser un discípulo y bautizarse en una iglesia local. Los ángeles no han tenido esas experiencias y no están capacitados para testificar a las personas perdidas.

LA EVANGELIZACION: UN PRINCIPIO DEL REINO PARA EL CRECIMIENTO

Nosotros somos el método de Dios para evangelizar al mundo. No desea usar otro. Somos su plan, y nuestra obediencia significa crecimiento en el reino y en las iglesias donde adoramos y servimos. Dios nos salvó para que fuéramos al mundo a hablar, vivir y mostrar las buenas nuevas de salvación a las personas alejadas de Él. Eso es la evangelización: la primera función de la iglesia para el crecimiento del reino de la misma.

2. DISCIPULADO (HECHOS 2.42-43)

La segunda función para el crecimiento de la iglesia es tan familiar e importante como la primera. Sobre esta función se habla mucho, pero probablemente sea la que menos se practica de todas las funciones de la iglesia.

El discipulado es un proceso que comienza después de la conversión y continúa a través de la vida del creyente. Se produce cuando un creyente compromete a otros y el resultado es que ambos llegan a ser más semejantes a Cristo en lo que piensan y hacen.

Tenemos la impresión de que las iglesias y los creyentes muestran un gran interés por el discipulado. Este interés se hace evidente por el creciente número de libros, artículos y conferencias que promueven y enseñan acerca del discipulado. Muchas personas están genuinamente interesadas en él por su importancia para las iglesias de hoy.

Desafortunadamente, hablamos más de lo que hacemos en relación con el discipulado. La razón pudiera ser que practicarlo exige nuestra atención y entrega completa para seguir los mandatos de nuestro Señor.

El discipulado es un proceso que comienza después de la conversión y continúa a través de la vida del creyente.

El discipulado exige nuestra atención y entrega completa para seguir los mandatos de nuestro Señor.

Hechos 2.42-43

«Y perseveraban en la doctrina de los apóstoles, en la comunión unos con otros, en el partimiento del pan y en las oraciones. Y sobrevino temor a toda persona; y muchas maravillas y señales eran hechas por los apóstoles» (Hch 2.42-43).

El discipulado no es una opcion

El discipulado no es una opción para las iglesias o los creyentes. Cristo lo mandó en la Gran Comisión. Es la voluntad del Padre y a la vez un requisito para el crecimiento del reino que los creyentes se discipulen los unos a los otros. Discipular es obedecer a nuestro Señor; hacer lo contrario es desobedecerle.

Jesús hizo todo lo posible para enseñarnos y mostrarnos cuál sería el costo del reino:

«Si alguno quiere venir en por de mí, niéguese a sí mismo, tome su cruz cada día, y sígame. Porque todo el que quiera salvar su vida, la perderá; y todo el que pierda su vida por causa de mí, éste la salvará» (Lc 9.23-24).

El discipulado es un principio del reino

El discipulado se debe acometer con una seriedad e intensidad que raramente ha sido comprendida y practicada en la iglesia moderna o en la vida de los creyentes. Cuando practicamos el discipulado descubrimos un principio del reino para el crecimiento de la iglesia, para el desarrollo de los dones personales y el crecimiento espiritual de los cristianos.

Para comprender que el discipulado no es una opción para los creyentes y que este implica que llevemos diariamente nuestra cruz para seguir a Cristo es necesario comenzar a entender la obra de cada creyente e iglesia.

El famoso pasaje del discipulado

Pablo, en el pasaje más famoso sobre el discipulado que jamás se haya escrito, declaró:

«Y Él mismo constituyó a unos, apóstoles; a otros profetas; a otros, evangelistas; a otros, pastores y maestros, a fin de perfeccionar a los santos para la obra del ministerio, para la edificación del cuerpo de Cristo, hasta que todos lleguemos a la unidad de la fe y del conocimiento del Hijo de Dios, a un varón perfecto, a la medida de la estatura de la plenitud de Cristo; para que no seamos niños fluctuantes, llevados por doquiera de todo viento de doctrina, por estratagema de hombres que para engañar emplean con astucia las artimañas del error, sino que

La voluntad del Padres es que los creyentes se discipulen los unos a los otros.

El discipulado implica que llevemos diariamente nuestra cruz para seguir a Cristo.

siguen la verdad en amor, crezcamos en todo en aquel que es la cabeza, esto es, Cristo» (Ef 4.11-15).

Este pasaje expresa perfectamente la voluntad de Dios para cada creyente así como que Él edifica su reino. Dios llama y otorga dones especiales para preparar a los santos para la obra de edificar el cuerpo de Cristo. Tristemente, muchas iglesias hacen poco para discipular a los creyentes cuando nuestro Señor está listo y dispuesto a guiarnos y darnos el poder para cumplir con esta tarea.

Un discipulado completo maduro significa que los creyentes están viviendo para el Señor en todas las áreas de sus vidas acogiendo la Biblia seriamente, sin preguntas ni términos medios. Para ellos la vida de Cristo constituye el centro y el objetivo de sus vidas.

Un discipulado completo maduro significa que los creyentes están viviendo para el Señor en todas las áreas de sus vidas.

LA SANTIDAD ES UNA REALIDAD PARA LOS CREYENTES

La santidad no es sólo un tema de debate o discusión. Es el centro para los cristianos que se esfuerzan por ser semejantes a Cristo. Puede ser una realidad en la vida de los creyentes. Dios los ha separado para el servicio del reino y deben andar en santidad como discípulos de Cristo. Este tipo de discipulado con frecuencia se echa a un lado en algunas iglesias por considerarse que las demandas de Cristo son muy altas y que hay muchas dificultades para poder desarrollar el proceso de discipular.

El discipulado provoca cambios en las vidas de los creyentes que los hace pensar y comportarse como Cristo. ¿Se imagina a Cristo viviendo una vida comprometida? ¿Lo imagina dudando de la verdad de los mandatos del Padre o no reconociendo el costo de estar en el reino de Dios? Cuando los cristianos se hacen cada vez más semejantes a Cristo, la vida que no compromete los principios y las convicciones se convierte en una manera de vivir. Pablo nos recuerda esa clase de vida:

Cuando los cristianos se hacen cada vez más semejantes a Cristo, la vida que no compromete los principios y las convicciones se convierte en una manera de vivir.

«Y ciertamente, aun estimo todas las cosas como pérdida por la excelencia del conocimiento de Cristo Jesús, mi Señor, por amor del cual lo he perdido todo, y lo tengo por basura, para ganar a Cristo» (Fil 3.8).

Pedro nos da otra idea de esa clase de vida y sus efectos en nuestra vida diaria:

«*Puesto que Cristo ha padecido por nosotros en la carne, vosotros también armaos del mismo pensamiento; pues quien ha padecido en la carne, terminó con el pecado, para no vivir el tiempo que resta en la carne, conforme a las concupiscencias de los hombres, sino conforme a la voluntad de Dios*» (1 Pe 4.1-2).

La salvación conduce a una vida de discipulado llena de luchas, peligros y sufrimientos; pero está acompañada por la presencia de Dios y nos trae gozo y satisfacción para siempre.

EL PRINCIPIO DIFERENTE DEL REINO

La función del discipulado es diferente al mensaje que con frecuencia escuchamos hoy día: un mensaje que elogia los beneficios de una búsqueda egoísta en la vida, a pesar de lo que las Escrituras dicen o significan.

Jesús no nos llamó a vivir una vida fácil y confortable. Nos llamó a buscar primero el reino de Dios, con la seguridad de que el Padre nos proveería cualquier cosa que necesitáramos.

Nada acerca de la vida cristiana es fácil. Se nos debe instruir para que podamos comprender y practicar la voluntad de Cristo. Debemos ver el reflejo de la vida del reino en los creyentes que son espiritualmente más maduros que nosotros. Entonces podremos ayudar a modelar el vivir en el reino a aquéllos que son más jóvenes en la fe que nosotros. La influencia de los creyentes más maduros sobre los cristianos más jóvenes en el proceso del discipulado es sumamente importante.

EL PLAN DE DIOS PARA LA MADUREZ

El discipulado es el plan de Dios para que sus hijos maduren. Somos salvos por Dios por medio de su gracia y dados a la iglesia para que nos cuide y alimente. El proceso de discipular a los creyentes requiere dedicación, paciencia y obediencia porque para desarrollar creyentes maduros se necesita tiempo. Esta es la tarea de la iglesia más difícil de cumplir.

Jesús nos llamó a buscar primero el reino de Dios.

El proceso de discipular a los creyentes requiere dedicación, paciencia y obediencia.

LA RESPONSABILIDAD PERSONAL
DE DISCIPULAR A NUESTRAS FAMILIAS

El discipulado tiene una dimensión personal que con frecuencia se deja a un lado. Los creyentes tienen la responsabilidad de discipular a otros miembros de su iglesia y también a aquéllos con los cuales se relacionan más estrechamente. Desde los días del éxodo de los israelitas de Egipto hasta el presente, el pueblo de Dios ha tenido la responsabilidad personal de discipular a los miembros de su familia. Moisés dijo a los padres en Israel:

«Oye, Israel: Jehová nuestro Dios, Jehová uno es. Y amarás a Jehová tu Dios de todo tu corazón, y de toda tu alma, y con todas tus fuerzas. Y estas palabras que yo te mando hoy, estarán sobre tu corazón; y las repetirás a tus hijos, y hablarás de ellas estando en tu casa, y andando por el camino, y al acostarte, y cuando te levantes» (Dt 6.4-7).

Para mí, el discipulado comienza conmigo. Luego, se extiende a mi familia y continúa con mi esfera extendida de influencia cristiana. Si respaldo el discipulado en mi iglesia, no puedo descuidarlo en mi vida, mi familia y con los demás creyentes sobre los cuales tengo influencia.

Debo obedecer a Cristo y aprender de Él en mi vida. Si omito el discipulado de mi vida, mis necesidades de crecimiento y madurez cristiana no se van a satisfacer y perderé el derecho de discipular a otros. No puedo madurar por mí mismo como cristiano. Necesito las instrucciones de la palabra de Dios que nos enseñan a ser maestros pacientes y dotados en la iglesia. También necesito el sostén del compañerismo y el ministerio de la iglesia.

No puedo encargarle a otros la tarea. Aunque mi iglesia discipule a mi familia, mi responsabilidad es modelar la vida cristiana ante mis hijos y otros miembros de la familia. Mi deber es enseñarles las cosas de Cristo.

Los padres deben criar a sus hijos con disciplina y amonestación del Señor para que reciban a Cristo y crezcan en la fe y obediencia a Él. Los padres necesitan la ayuda, el respaldo y los recursos de la iglesia, pero esta no los puede relevar de la responsabilidad de discipular a sus hijos.

Si respaldo el discipulado en mi iglesia, no puedo descuidarlo en mi vida y en mi familia.

Si omito el discipulado de mi vida, mis necesidades de crecimiento y madurez cristiana no se van a satisfacer y perderé el derecho de discipular a otros.

La iglesia no puede relevar a los padres de la responsabilidad de discipular a sus hijos.

EL PRINCIPIO DEL REINO CON LAS DEMANDAS MAS EXIGENTES

El discipulado es el principio del reino para el crecimiento de la iglesia que más exige de los creyentes y de las iglesias. Jesús nos encomendó la Gran Comisión para llevar el mensaje a los incrédulos en todo el mundo, bautizar a los nuevos convertidos y discipularlos en la fe cristiana. Debemos entregar nuestras vidas a la evangelización del mundo y el discipulado de los creyentes. No tenemos otro compromiso mayor con Dios que estar dispuestos a ir a cualquier lugar para cumplir con su misión de redimir al mundo por medio de la evangelización y el discipulado.

3. COMPAÑERISMO (HECHOS 2.42, 46-47)

El principio del reino del compañerismo está en el mismo grupo al que pertenecen la evangelización, el discipulado y el ministerio. El compañerismo no se produce por accidente. No ocurre sin que el poder de Dios obre en los creyentes individualmente y en el cuerpo de la iglesia. Cuando los creyentes cuentan a otros sus experiencias de salvación, viven una vida semejante a Cristo y demuestran su fe sirviendo a otros, es tan seguro que el compañerismo florecerá como que el verano sigue a la primavera.

El compañerismo es más que un simple sentimiento de buena voluntad en la congregación. Es una relación de persona a persona. Pero el compañerismo cristiano también abarca una relación con Dios.

EL PACTO DE DIOS CON SU PUEBLO

En el Antiguo Testamento, la unidad religiosa esencial fue el compañerismo espiritual de Israel, el pueblo de Dios. Moisés lo anunció en el Monte Sinaí cuando presentó los diez mandamientos a Israel diciendo: «Jehová nuestro Dios hizo pacto con nosotros en Horeb» (Dt 5.2). Como grupo y como individuos, el pueblo de Dios hizo este pacto, porque ellos eran la comunidad redimida.

Jeremías habló del pacto de Dios con la casa de Israel. Ezequiel identificó a Israel como una nueva comunidad del Espíritu. Daniel escribió sobre los santos del Altísimo. Dios estaba presente en las vidas de esas personas, y ellos estaban verdaderamente conscientes de esto.

Hechos 2.42, 46-47

«Y perseveraban en la doctrina de los apóstoles, en la comunión unos con otros, en el partimiento del pan y en las oraciones. Y perseveraban unánimes cada día en el templo, y partiendo el pan en las casas comían juntos con alegría y sencillez de corazón, alabando a Dios, y teniendo favor con todo el pueblo. Y el Señor añadía cada día a la iglesia los que habían de ser salvos» (Hch 2.42, 46-47).

El arca del pacto y el templo fueron símbolos para Israel de la presencia de Dios y fueron un recordatorio de su pacto con ellos.

El nuevo pacto de Dios en Jesus

Jesús vino y anunció el nuevo pacto. Los que le recibieron estaban «en Cristo». Después de la venida del Espíritu Santo en el día de Pentecostés, se experimentó un compañerismo único y los seguidores de nuestro Señor «perseveraban en la doctrina de los apóstoles, en la comunión unos con otros, en el partimiento del pan y en las oraciones» (Hch 2.42).

Ese maravilloso término del Nuevo Testamento para comunión (*koinonía*) aparece en este pasaje. La palabra griega *koinonía* es uno de los conceptos más usados en el Nuevo Testamento. La palabra significa «compartir», «unirse en comunión», «unirse en compañerismo». Aparece en nuestras palabras *comunión* y *comunidad*.

El compañerismo y la cena del Señor

Jesús dio la cena del Señor a la iglesia como un acontecimiento familiar de compañerismo, para que se observara en memoria de Él (Lc 22.19). Esta cena conmemorativa simboliza el sacrificio que Cristo hizo por nosotros en la cruz (1 Co 11.26) y sirve como un notable recordatorio de su presencia eterna con la «comunión» de los creyentes hasta que Él regrese.

En la iglesia de Corinto la comunión estaba rota debido a las divisiones, las disputas y el egoísmo. Pablo les advirtió que estaban poniendo en peligro el bienestar de la iglesia por sus abusos con la cena del Señor. Pablo declaró que una iglesia en esas condiciones no debía de participar de la cena del Señor (1 Co 11.17-20). Urgió a esos primeros creyentes para que tomaran seriamente la cena del Señor y les advirtió que tales violaciones del compañerismo en la misma podían ser un desastre para la iglesia (1 Co 11.27-30). Les enseñó que si comían y bebían indignamente de la cerna eran culpables de pecado contra el cuerpo y la sangre de nuestro Señor. El apóstol urgió:

Pruébese cada uno a sí mismo, y coma así del pan, y beba de la copa. Porque el que come y bebe indignamente, sin discernir el cuerpo del Señor, juicio come y bebe para sí. Por lo cual hay muchos enfermos y debilitados entre vosotros, y muchos duermen» *(1 Co 11.28-30).*

Después de la venida del Espíritu Santo en el día de Pentecostés, se experimentó un compañerismo único.

La palabra griega *koinonía* significa «compartir», «unirse en comunión», «unirse en compañerismo».

El principio del compañerismo va de la mano con los otros principios del 1•5•4.

Una iglesia que no tiene compañerismo, es por lo general una iglesia que ha perdido de vista las otras funciones principales; es decir: la evangelización, el discipulado, el ministerio y la adoración.

El compañerismo sigue naturalmente cuando la iglesia escucha el llamado de Dios para practicar los otros cuatro principios.

El compañerismo: una llave para el crecimiento

El principio del reino del compañerismo es esencial para el crecimiento de la iglesia. Sin un compañerismo amoroso y tierno las iglesias no crecerán. Las personas no van a venir a un lugar donde prevalezcan las disputas, el egoísmo, la frialdad y las tensiones. ¿Quién puede culparlos? Las personas quieren asistir a un lugar donde puedan encontrar paz, gozo, amor y buenas relaciones familiares.

El principio del compañerismo va de la mano con los otros principios del 1•5•4. Primero aparece la evangelización; luego vienen el discipulado y el ministerio. El compañerismo surge durante el proceso de aplicación de esas funciones esenciales y es una parte muy importante de la adoración.

Por lo general no es difícil encontrar en las iglesias las causas de un compañerismo quebrantado. Una iglesia que no tiene compañerismo, es por lo general una iglesia que ha perdido de vista las otras funciones principales; es decir: la evangelización, el discipulado, el ministerio y la adoración. Por lo general tampoco goza de la comunión con el Señor. Las iglesias no pueden tener la clase de compañerismo que queremos y nuestro Señor espera, si no se destacan en la evangelización, el discipulado, el ministerio y la adoración. Una iglesia que no tenga compañerismo lo que necesita es regresar a esta función para restaurarlo entre sus miembros.

1 Juan 1.6-7 señala que:

«Si decimos que tenemos comunión con él, y andamos en tinieblas, mentimos, y no practicamos la verdad; pero si andamos en luz, como él está en luz, tenemos comunión unos con otros, y la sangre de Jesucristo Hijo nos limpia de todo pecado».

¿Se maravilla de que para muchas iglesias el crecimiento sea más un sueño que una realidad? ¿Qué líder de la iglesia no pudiera dar un testimonio de lo que pasa cuando falta el compañerismo? Cuando no existe el compañerismo en una iglesia, usted puede estar seguro que las otras funciones se han olvidado.

Así como la evangelización es un prerequisito para el discipulado y el ministerio, el compañerismo sigue naturalmente cuando la iglesia escucha el llamado de Dios para practicar los otros cuatro principios.

El compañerismo comienza con la salvacion

Debemos poner nuestra vista en el Señor. Recordar que Dios nos ha limpiado de nuestros pecados y de la separación que tenía de Él, para convertirnos en sus hijos. Hemos recibido la gracia y la misericordia de un Padre santo y amoroso que ha puesto el dolor y el castigo de nuestros pecados sobre Cristo Jesús, su Hijo.

Somos miembros de la familia de Dios

Cuando recibimos a Cristo nos convertimos en parte de un compañerismo viviente con otros que como nosotros, han sido llamados. El Padre nos coloca en su familia y nos da nuevos hermanos y hermanas en Cristo para la eternidad.

Cuando recibimos a Cristo, pasamos a formar parte de la gran familia de creyentes que se extiende por todo el mundo, a través de los tiempos y para la eternidad. La iglesia es un cuerpo de creyentes salvados por gracia, por medio de la fe en Cristo Jesús. Los creyentes comparten la unión con Cristo que es única y distingue nuestras relaciones de las de cualquier otro grupo en el mundo.

> Los creyentes comparten la unión con Cristo que es única y distingue nuestras relaciones de las de cualquier otro grupo en el mundo.

La iglesia primitiva experimentó el compañerismo y dio un hermoso testimonio de lo que puede pasar cuando ese principio del reino se practica. Las Escrituras dicen:

«Así que, los que recibieron su palabra fueron bautizados; y se añadieron aquel día como tres mil personas. Y perseveraban en la doctrina de los apóstoles, en la comunion unos con otros, en el partimiento del pan y en las oraciones» (Hch 2.41-42).

Llegar a ser uno con Cristo

Jesús describió su relación con el Padre en términos de unidad (Juan 10.30) y nos ofreció la misma clase de relación con Él, así como para unos con otros. Esta fue su oración un poco antes de ser crucificado:

> La unidad de Cristo con el Padre es un modelo para nosotros del tipo de relación que debemos mostrar y disfrutar en la iglesia.

«Para que todos sean uno; como tú, oh Padre, en mí, y yo en ti, que también ellos sean uno en nosotros; para que el mundo crea que tú me enviaste» (Jn 17.21).

La unidad de Cristo con el Padre es un modelo para nosotros del tipo de relación que debemos mostrar y disfrutar en la iglesia. Sin la unidad cristiana, el mundo tendrá muy poco respeto de nuestro testimonio. Jesús dijo:

«En esto conocerán todos que sois mis discípulos, si tuviereis amor los unos con los otros» (Juan 13.35).

LA UNIDAD EN EL COMPAÑERISMO SE PRODUCE POR EL AMOR DE DIOS

La iglesia no se mantiene unida por los credos, confesiones, programas o ministerios, sino por la unidad que el Espíritu Santo produce y es motivada por el amor de Dios para con nosotros, nuestro amor hacia Él y el de los unos por los otros.

«Un mandamiento nuevo os hoy: Que os améis unos a otros; como yo os he amado, que también os améis unos a otros» (Jn 13.34).

El cumplimiento de la Gran Comisión gira alrededor de nuestro compañerismo tanto como en nuestros esfuerzos evangelísticos, nuestro compromiso con el discipulado y nuestros ministerios. Pablo urgió a los lectores de Efesios:

«Con toda humildad y mansedumbre, soportándoos con paciencia los unos a los otros en amor, solícitos en guardar la unidad del Espíritu en el vínculo de la paz» (Ef 4.2-3).

CUANDO NO HAY UNIDAD DIOS NO NOS DIRIGE

El ministerio del Espíritu Santo bendice a la iglesia. El Espíritu nos convence de nuestros pecados y nos hace vivir para siempre en Jesús. Nos dota para la obra del ministerio y crea dentro de nosotros una unidad que es sobrenatural. Cuando no hay unidad en la iglesia local, el Espíritu Santo no dirige lo que se pueda hacer.

EL COMPAÑERISMO COMO UNA FAMILIA

La obra de Cristo y el Espíritu en nuestras vidas nos proveen amor para con los demás así como unidad de propósito y visión. Esto produce el compañerismo. Este nos permite ser

El cumplimiento de la Gran Comisión gira alrededor de nuestro compañerismo tanto como en nuestros esfuerzos evangelísticos, nuestro compromiso con el discipulado y nuestros ministerios.

Cuando no hay unidad en la iglesia, el Espíritu Santo no dirige lo que se pueda hacer.

La iglesia es una familia de creyentes.

parte de la familia de Dios. La iglesia es una familia de creyentes. Pertenecemos unos a los otros y al Padre. Somo parte de una gran familia que se extiende a través de los tiempos hasta la eternidad. Estamos unidos a los santos del Antiguo y Nuevo Testamentos y a las personas que no han nacido a las que Cristo redimirá en el futuro.

¿Por qué se olvida el compañerismo?

Con todo el interés que muestran las iglesias, los creyentes y sus ministros en la actualidad, ¿Por qué esa falta de interés en el compañerismo? ¿Cuántos creyentes en verdad entienden que la iglesia es como un compañerismo o una «familia»? De alguna manera estamos más consciente del compañerismo cuando éste falta que cuando existe. ¿Presuponemos que el compañerismo viene automáticamente sin tener que hacer nada? ¿Hemos llegado al punto de intentar hacer el trabajo de la iglesia sin detenernos a pensar, tratando sólo de cumplir con nuestra agenda, perdiendo así la visión de la necesidad de edificar un compañerismo fuerte?

El compañerismo une a los creyentes en amor y unidad

Si lo comparamos con las otras funciones de la iglesia, veremos que pasamos muy poco tiempo edificando el compañerismo. Algunos han llegado a sugerir que el compañerismo es el producto de las otras funciones. Aunque la evangelización, el discipulado, el ministerio y la adoración son extremadamente importantes, no pueden funcionar eficazmente si no existe un compañerismo cristiano fuerte y amoroso. El tiempo que Jesús pasó enseñando el amor, la unidad y conviviendo con sus discípulos nos muestra la importancia del compañerismo.

Si consideramos que la evangelización, el discipulado, el ministerio y la adoración son funciones esenciales de la iglesia, debemos pensar que el compañerismo es la incubadora del éxito de todo eso. Es importante recordar el tiempo que Jesús y sus discípulos, y Pablo y las primeras iglesias emplearon para comer y pasar ratos juntos, así como para mostrar el amor y la dedicación de los unos por los otros.

El compañerismo implica mucho más que comer o ir a un viaje junto con otros creyentes. Significa mucho más que

¿Hemos llegado al punto de intentar hacer el trabajo de la iglesia sin detenernos a pensar, tratando sólo de cumplir con nuestra agenda, perdiendo así la visión de la necesidad de edificar un compañerismo fuerte?

Aunque la evangelización, el discipulado, el ministerio y la adoración son extremadamente importantes, no pueden funcionar eficazmente si no existe un compañerismo cristiano fuerte y amoroso.

49

tener una fiesta en la iglesia o en la casa de alguien. En estas actividades hay compañerismo, pero son embargo, esta es una función esencial para la iglesia. El verdadero compañerismo es generado por el Espíritu Santo, por el amor que Dios nos tiene, por el que a Él le tenemos y por el amor que nos tenemos unos a otros. El compañerismo une a la familia de Dios en amor y fomenta la unidad.

El compañerismo une a la familia de Dios en amor y fomenta la unidad.

El compañerismo cristiano es unico en el mundo

Se pierde mucho cuando no se fomenta el compañerismo. Sin embargo, cuando se edifica, se gana mucho más de lo que podemos imaginarnos. El vínculo de Cristo con la familia de Dios es para enriquecer, fortalecer, sanar, levantar y darle una visión de lo que la familia cristiana puede llegar a ser.

Cuando un cristiano se encuentra con otro en cualquier parte del mundo, inmediatamente siente que hay un lazo que los une. A pesar de que por el idioma, color o cultura sean diferentes, tienen la misma gracia salvadora de Cristo Jesús y la fe depositada en Él. Los creyentes pueden disfrutar de experiencias comunes como una prueba de la convicción, salvación y el liderazgo de Dios en sus vidas, así como de la presencia del Espíritu Santo y los dones conferidos por Él.

Por todas estas razones y otras muchas más, el lazo de unidad del compañerismo cristiano debe desarrollarse a su nivel más alto en nuestras vidas y en las iglesias.

Mediante el compañerismo podemos saber cómo es la familia de Dios ahora y cómo será en los cielos.

El compañerismo cristiano: un don divino para las iglesias

Es necesario que prestemos nuestra mayor atención al compañerismo por el valor incalculable que tiene. Necesita ser desarrollado para que las iglesias donde servimos sean mejores y más efectivas. El reino de Dios se basa tanto en el compañerismo bíblico como en el de cualquier otra forma.

Juan declaró que su propósito al escribir la primera epístola era el de atraer a las personas al compañerismo con el Padre, con el Hijo y con los demás creyentes en la iglesia.

«Lo que hemos visto y oído, eso os anunciamos, para que también vosotros tengáis comunión con nosotros; y nuestra comunión verdaderamente es con el Padre, y con su Hijo Jesucristo» (1 Jn 1.3).

El crecimiento florecera segun crezca el compañerismo

¿Cuánta más evangelización haríamos si quisiéramos tener más compañerismo con la humanidad perdida? Cuando experimentamos la clase de compañerismo que nuestro Señor planeó, drásticamente cambia la opinión que tenemos de las personas que viven en pecado y bajo el poder de Satanás. Se estimula y eleva la motivación para alcanzarlas con el evangelio.

El compañerismo le permite a los creyentes experimentar las riquezas de las relaciones humanas y divinas en la actualidad. Al mismo tiempo sirve para señalar hacia la eternidad donde viviremos junto a Jesús para siempre. Mediante él podemos saber cómo es la familia de Dios ahora y cómo será en los cielos. El deseo de tener compañerismo es una muestra de madurez en los creyentes y una señal de una congregación madura.

El compañerismo: Un principio del reino para el crecimiento de la iglesia

El compañerismo es una función esencial de la iglesia y la clave para que ésta cumpla agresivamente con la Gran Comisión. Nuestro compañerismo con el Señor, nuestra vida en el Espíritu y nuestra relación con los demás nos motivan para alcanzar, enseñar y ganar a otros para Cristo.

El compañerismo en la iglesia provee el ambiente adecuado para que los creyentes maduren y se nutran. Cuando falta este compañerismo y tenemos poca responsabilidad para con el Señor y los demás, estamos tentados a vivir separados de Él y apartados de los otros creyentes.

La iglesia que practica el compañerismo del Nuevo Testamento está cuidando de sus miembros a la vez que vigila si se están alejando de su dedicación a Cristo. El amor del Señor nos lleva a los que están a nuestro alrededor sufriendo o con necesidades. Cuando existe un buen compañerismo en la iglesia, éste está atento a sus miembros y los ministra cuando surgen las necesidades.

Edificar relaciones de interdependencia, evangelizar al perdido y cuidarse unos a otros son señales del principio del compañerismo en el reino.

> El compañerismo es una función esencial de la iglesia y la clave para que ésta cumpla agresivamente con la Gran Comisión.

> Edificar relaciones de interdependencia, evangelizar al perdido y cuidarse unos a otros son señales de la función que se refiere al compañerismo.

> Las congregaciones en las que se ha roto el compañerismo, donde existen grandes tensiones o depresión espiritual podrían hacer poco en la evangelización, el discipulado, el ministerio o la adoración.

> **Hechos 2.44-45**
>
> «Todos los que habían creído estaban juntos, y tenían en común todas las cosas; y vendían sus propiedades y sus bienes, y lo repartían a todos según la necesidad de cada uno» (Hch 2.44-45).

> Este principio del reino para el crecimiento de la iglesia tiene sus raíces en la compasión e interés que el Señor pone en nuestros corazones cuando entramos en su reino.

«Y reconociendo la gracia que me había sido dada, Jacobo, Cefas y Juan, que eran considerados como columnas, nos dieron a mí y a Bernabé la diestra en señal de compañerismo, para que nosotros fuésemos a los gentiles» (Gá 2.9).

En la primera y segunda carta de Pablo a la iglesia en Corinto escribió:

«Fiel es Dios por el cual fuisteis llamados a la comunión con su hijo Jesucristo nuestro Señor» (1 Co 1.9).

«Pidiéndonos con muchos ruegos que les concediésemos el privilegio de participar en este servicio para los santos. Y no como lo esperábamos, sino que así mismos se dieron primeramente al Señor, y luego a nosotros por la voluntad de Dios» (2 Co 8.4-5).

Si el principio de compañerismo no funciona, las iglesias encontrarán que es difícil, si no imposible, practicar la quinta función esencial de la iglesia: la adoración. Las congregaciones en las que se ha roto el compañerismo, donde existen grandes tensiones o depresión espiritual podrían hacer poco en la evangelización, el discipulado, el ministerio o la adoración.

4. Ministerio (Hechos 2.44-45)

Este principio del reino para el crecimiento de la iglesia tiene sus raíces en la compasión e interés que el Señor pone en nuestros corazones cuando entramos en su reino.

Ministrar es un principio del reino y una función dada por Dios a la iglesia. Ésta, naturalmente, sigue a la evangelización y al discipulado en el proceso del desarrollo cristiano. Sin embargo es probable que se produzcan simultáneamente en la iglesia. Por lo general no se evangeliza primero, para luego discipular y ministrar. El ministerio surge de una vida transformada y de servicio. Ministrar es satisfacer las necesidades de otras personas en el nombre de Jesús. Él nos recordó:

«Mas entre vosotros no será así, sino que el que quiera hacerse grande entre vosotros será vuestro servidor, y el que quiera ser el primero entre vosotros será vuestro siervo, como el Hijo del Hombre no vino para ser servido, sino para servir, y para dar su vida en rescate por muchos» (Mt 20.26-28).

Pablo explicó a la iglesia de Éfeso que debían preparar o discipular a los santos para la obra del ministerio. No se puede separar el ministerio de la evangelización y el discipulado. Todo ministerio cristiano tiende a evangelizar y también desarrollar a los creyentes. Jesús no estableció ninguna separación entre hacer el bien y hacer la voluntad de Dios.

Los primeros creyentes participaron en ministerios de ayuda porque Jesús había cambiado sus vidas. Cualquier bien que la iglesia primitiva hizo, lo realizó en el nombre de Jesús y para la gloria de Dios. Las personas que hacen buenas cosas sin relacionarlas con Cristo Jesús no están haciendo el ministerio cristiano.

PREREQUISITOS PARA MINISTRAR

La evangelización y el discipulado son prerequisitos para ministrar en la secuencia que Dios usa para edificar su reino. Con frecuencia los creyentes y las iglesias tratan de lograr un balance entre la evangelización y el ministerio. Esto no es un problema. Sólo cuando no reconocemos en la Gran Comisión el progreso lógico de estas funciones es que las colocamos en oposición una con la otra o invertimos el orden. El ministerio y la evangelización están unidos firmemente como el discipulado y la evangelización.

La lógica nos lleva a concluir que las necesidades espirituales de la persona son más importantes que las físicas. Estas tienen una importancia primordial, pero la relación con el Señor es más importante. Moisés declaró:

«No sólo de pan vivirá el hombre, mas de todo lo que sale de la boca de Jehová vivirá el hombre» (Dt 8.3).

Algunas veces Dios permitió que los israelitas no tuvieran comida ni agua en su peregrinación de Egipto a la tierra prometida. Esto probó la lealtad hacia Él y les enseñó la lección valiosa de la relación con el Señor que tiene prioridad aun sobre el alimento y el agua.

Cuando Jesús, a pesar de estar hambriento, rechazó el alimento durante la tentación en el desierto, citó a Deuteronomio 8.3 (véase Lucas 4.4).

Las personas están separadas de Dios hasta que Él, por su

Todo ministerio cristiano tiende a evangelizar.

La evangelización y el discipulado son prerequisitos para ministrar.

El ministerio y la evangelización están unidos firmemente como el discipulado y la evangelización.

gracia, las redime por medio de Cristo. Para ministrar a esas personas tenemos que tener un buen testimonio cristiano. Es importante que veamos la salvación como la meta final del ministerio cristiano a los inconversos.

Llamados a ministrar

Los creyentes no tienen excusas para no ministrar porque la evangelización tenga prioridad en la Gran Comisión. El ministrar no puede reemplazar en importancia a la evangelización, pero sin embargo es una función esencial para la iglesia. En realidad, Cristo nos llamó a ministrar. Él fue un ministro por excelencia.

¿Cuál es el lugar que debe ocupar el ministerio en la iglesia y en la vida cristiana? Si recordamos que el Padre está redimiendo del pecado a las personas que escogió y que con los redimidos está edificando su reino, se hace evidente la función del ministerio en el reino y en el crecimiento de la iglesia.

La compasión cristiana y los principios del reino de Dios demandan que ministremos a todas las personas sin tomar en cuenta la raza, afiliación religiosa, capacidades o circunstancias. Debemos satisfacer las necesidades de otros en obediencia al mandato de Cristo. Si no ministramos estamos desobedeciendo el mandato de nuestro Señor. Cuando estemos en la eternidad veremos que ministramos a Jesús cuando lo hicimos a un necesitado o a alguien que sufría. Él dijo:

> *«De cierto os digo que en cuanto hicisteis a uno de estos mis hermanos más pequeños, a mí lo hicisteis» (Mt 25.40).*

Ministrar es una función importante. Tal vez sea la que mejor se entiende y practica de las cinco que consideramos en este libro. Sin embargo, la labor de ministrar es más profunda de lo que en un principio se cree. Dios que es soberano y controla todas las cosas de su creación, no ha escogido eliminar la pobreza, las enfermedades, la guerra y otras calamidades de esta tierra, producidas por el pecado, mientras la redención del mundo no se complete (Ro 8.18-23).

El ministerio es una función esencial de una iglesia creciente.

El ministerio tal vez sea la que mejor se entiende y practica de las cinco funciones que consideramos en este libro.

Jesús recordó a sus discípulos:

«Siempre tendréis a los pobres con vosotros, y cuando queráis les podréis hacer bien; pero a mí no siempre me tendréis» (Mr 14.7).

El Salvador no nos estaba dando una excusa para dejar de ministrar a los pobres, los necesitados y los que sufren. Al contrario, estaba destacando la necesidad constante de ministrarles con los recursos que Dios provee.

Dios provee los medios y el poder para ministrar

Quizás los cristianos vean el ministrar como algo que pueden hacer con el poder y los recursos propios. Pero no tenemos poder para salvar a las personas. Ni tampoco podemos satisfacer sus necesidades adecuadamente. Sólo Dios tiene los medios para ministrar a las agobiantes necesidades de las personas de todo el mundo. En la actualidad las necesidades de las personas son tan grandes que no se dispone de los recursos humanos necesarios para satisfacerlas en su totalidad. Necesitamos desesperadamente la ayuda y la bendición de Dios en esta tarea gigantesca. El ministerio cristiano necesita las bendiciones de Dios para que nuestros esfuerzos satisfagan las necesidades de las personas y puedan ganar a los inconversos para Cristo.

El ministerio cristiano es una parte de nuestra mayordomía. Vivimos por el Señor y le servimos. No somos dueños de nada. Somo mayordomos de lo que Dios nos ha dado. Los desamparados y sufridos son una responsabilidad nuestra. Debemos ayudarlos y amarlos en el nombre de Cristo con los recursos que Él nos proporciona. Las necesidades físicas y espirituales requieren nuestra atención. Dios escogió usarnos para satisfacer esas necesidades. Con su ayuda y poder podemos hacerlo.

Los creyentes estan dotados para ministrar

El ministrar tiene otra dimensión. Se centra en la obra de los creyentes para edificar la iglesia.

No podemos excluir la satisfacción de las necesidades de los creyentes de nuestra definición de ministrar. La meta del

> El ministerio cristiano necesita las bendiciones de Dios para que nuestros esfuerzos satisfagan las necesidades de las personas y puedan ganar a los inconversos para Cristo.

> El Espíritu Santo es soberano al distribuir los dones para ministrar y así lograr el bienestar común de la iglesia (1 Co 12.7).

discipulado es preparar a los creyentes como ministros. El Espíritu Santo dota a los creyentes para que puedan ministrar de acuerdo con la voluntad de Dios. El Espíritu Santo es soberano al distribuir los dones para ministrar para el bienestar común de la iglesia (1 Co 12.7). El Espíritu Santo ha dado dones a cada creyente a fin de que puedan cumplir una función en la iglesia.

Ministrar no es sólo una responsabilidad de las personas preparadas profesionalmente que llamamos ministros. Ministrar es la función normal de cada creyente.

Una iglesia es el conjunto de creyentes, redimidos por Dios de su pecado, llamados por Él para proclamar el evangelio de Cristo al mundo e influir en las sociedades corruptas a fin de edificar el reino de Dios. La responsabilidad de cada uno de nosotros es de gran importancia. Nuestras tareas y dones son diferentes, pero nuestro trabajo unido para cumplir con la Gran Comisión es la obra más importante en el mundo.

Ministrar: un principio del reino para el crecimiento de la iglesia

No podemos ministrar separados de los demás. Cuando las personas dicen: «mi ministerio», revelan un mal entendido peligroso sobre la naturaleza del mismo. No somos dueños del ministerio que el Señor nos ha dado. Sólo somos mayordomos del mismo. No podemos ministrar eficientemente sin el poder y los dones del Espíritu Santo. No podemos servir al Señor en la carne.

Las necesidades de las iglesias y los creyentes son constantes. Solos no podemos satisfacer las necesidades que hay en nuestras iglesias. Sin embargo, junto con otros creyentes y mediante el poder del Espíritu Santo, podemos satisfacer todas las necesidades. Por medio de su pueblo y más allá del mismo, el Señor nos dará los recursos que necesitamos.

Cometemos un grave error cuando tratamos de ministrar sin el poder y los dones del Espíritu Santo. ¡Qué gozo nos da el ser mayordomos de los recursos que Él provee!

La función que se refiere a ministrar destaca la obra de la iglesia para satisfacer las necesidades de los que están dentro y fuera de ella. Ninguna iglesia puede crecer sin que se comprometa a ministrar según el Señor le provea las necesidades y oportunidades.

Cometemos un grave error cuando tratamos de ministrar sin el poder y los dones del Espíritu Santo.

Ninguna iglesia puede crecer sin que se comprometa a ministrar.

Hechos 2.46-47

«Y perseveraban unánimes cada día en el templo, y partiendo el pan en las casas, comían juntos con alegría y sencillez de corazón, alabando a Dios, y teniendo favor con todo el pueblo. Y el Señor añadía cada día a la iglesia los que habían de ser salvos» (Hch 2.46-47).

5. ADORACION (HECHOS 2.46-47)

La adoración es una, si no la más importante, de las funciones de la iglesia. Adorar a Dios y mostrarle reverencia debe ser nuestra primera prioridad. Recibimos poder, guía y fortaleza espiritual cuando adoramos con sinceridad.

Algunas veces la adoración, como el Señor la concibió, se pierde en el brillo superficial y atractivo de las iglesias que tratan de rivalizar con otras experimentando diferentes estilos de adoración. Esto no quiere decir que no se estudien nuevos métodos para la adoración. Claro que se deben de considerar. Un método único no va a satisfacer las necesidades de todas las personas ni va a ser adecuado en todas las circunstancias. Pablo declaró:

> «A todos me he hecho de todo, para que de todos modos salve a algunos» (1 Co 9.22).

Sin embargo, debemos estar constantemente alertas ante la importancia que tienen, para el crecimiento de la iglesia, los elementos que se refieren a la adoración.

REDESCUBRIR LA ADORACION

Este siglo marca el redescubrimiento y redifinición de la adoración en muchas iglesias. La vida, al igual que la vida de la iglesia, está cambiando a un paso acelerado. En las iglesias a través de América no hay otra cosa que se examine, estudie y cambie más que los cultos de adoración. De lo contemporáneo a lo litúrgico, los creyentes están buscando formas de adorar para disfrutar y darle significado a sus domingos.

LA ADORACION ES UN ENCUENTRO CON DIOS

Debemos estar atentos a los elementos esenciales de la adoración. Realmente hay gozo y significado en la adoración, pero, ¿es eso todo lo que encontraremos en la adoración?

La adoración verdadera no consiste en la forma, bien sea esta tradicional, litúrgica, contemporánea o cualquier combinación de las tres. La forma puede ayudar a las personas a adorar. Sin embargo, la adoración es cualquier actividad por medio de la cual los creyentes puedan sentir a

La adoración es una, si no la más importante, de las funciones de la iglesia.

La adoración es cualquier actividad por medio de la cual los creyentes puedan sentir a Dios de una manera significativa y espiritualmente transformadora.

La adoración surge de los mandatos de Dios en las Escrituras y los corazones agradecidos de los redimidos.

Dios de una manera significativa y espiritualmente transformadora. La verdadera adoración debe llevar a los adoradores a apreciar a Dios más profundamente. A tener una mejor comprensión de sus caminos y a hacer una mayor entrega a Él. Encontrar a Dios en adoración nos hace más y más a su semejanza.

DIOS ES EL OBJETO Y SUJETO DE LA ADORACION

Dios no quiere que la adoración sea una actividad en la cual sólo se satisfagan las necesidades de los creyentes. Ni tampoco puede ser una actividad preparada sólo para suplir las necesidades de los inconversos. Debe hacerse de una forma tal que pueda satisfacer las necesidades de ambos.

La adoración surge de los mandatos de Dios en las Escrituras y los corazones agradecidos de los redimidos que anhelan venir al Señor para adorarle y reconocer su presencia en sus vidas.

DIOS COMIENZA Y CONTROLA LA ADORACION

La adoración comienza con Dios y no con las personas, pero es para beneficiar a la humanidad y no a Dios. La adoración no es algo que se hace para influir en Dios. No es algo que se hace sólo por gratitud, amor y temor. Las emociones no controlan la adoración. Dios controla la adoración. Él nos enseña cómo adorarlo y cómo no hacerlo.

Los libros de Éxodo, Levítico, Números y Deuteronomio le dieron a Israel las instrucciones específicas acerca de la adoración. Dios no la dejó a la imaginación de los israelitas. Él les enseñó desde los detalles más insignificantes sobre la construcción y manejo del tabernáculo y el arca del pacto hasta su significado. También les reveló con cuidado meticuloso cómo celebrar las ceremonias de adoración.

Dios es soberano y santo. La adoración no se debe hacer de acuerdo con las pequeñas nociones que tenemos sobre Él, ni tampoco según nuestros conceptos limitados de lo que Él quiere, o lo que nos pueda agradar. Dios está por encima de todo y debemos adorarle como Él desea que lo hagamos. No podemos cambiar estos principios sin dañar nuestra fidelidad al Señor.

La adoración no se debe hacer de acuerdo con nuestras pequeñas nociones que tenemos de Él, nuestros conceptos limitados de lo que Él quiere, o lo que nos pueda agradar.

El Espíritu Santo nos da libertad y dirección de cómo adorar a Dios.

No podemos permitirnos que entendamos la adoración en términos de acciones, orden del culto, formas y música.

Dios está a cargo de la adoración. Nos creó y redimió según su voluntad. En el Antiguo Testamento enseñó cómo adorarle para guiar la adoración de Israel. En el Nuevo Testamento dio su Espíritu Santo para darnos la libertad y dirección para adorarlo por lo que Él es, por lo que ha hecho, y por lo que va a hacer.

LOS LIDERES SON IMPORTANTES

Para que ocurra una adoración que transforme, debe ser dirigida por líderes creyentes, que tienen interés en el reino, comprendan la cultura y contexto de los adoradores, han sido transformados por la experiencia de adoración, y creen que Dios busca a aquéllos que le adoran en espíritu y en verdad.

LOS ADORADORES PRIMERO ESCUCHAN A DIOS

No podemos permitirnos que entendamos la adoración en términos de acciones, orden del culto, formas y música. La adoración comienza con Dios. Primero tenemos que escuchar lo que Él dice que hagamos cuando venimos ante su presencia.

LA ADORACION EN EL ANTIGUO TESTAMENTO

En el Antiguo Testamento, tanto en el tabernáculo como en el templo, la adoración incluía la celebración de las festividades religiosas, reverenciar el arca del pacto, hacer sacrificios y guardar el sábado. Esto le permitió al pueblo de Israel reverenciar a Dios y regocijarse en su provisión, mientras recordaban el pacto eterno con ellos. La expiación de los pecados y el reconocimiento del Dios Santo, que crea y redime, eran parte de la adoración en el tabernáculo y en el templo. La música ocupaba un lugar prominente en la adoración israelita cuando Salomón edificó el templo.

Cada parte del ritual de la adoración en el Antiguo Testamento estaba lleno de significado para todos los participantes. Expresaba lo que Dios deseaba para su pueblo.

LA ADORACION EN EL NUEVO TESTAMENTO

En el Nuevo Testamento, el desarrollo de la adoración se

El Espíritu trae libertad para adorar.

Ocho elementos de la adoración practicados por la iglesia primitiva:

Oración
Alabanza
Confesión de pecados y arrepentimiento
Confesión de fe
Lectura de la Escritura y estudio
Predicación
Cena y bautismo
Ofrenda

basaba en la relación personal con Cristo y el tener al Espíritu Santo entre ellos. El Espíritu trae libertad para adorar, lo cual no tenían los adoradores del Antiguo Testamento (Jn 4.19-24).

La oración era muy importante en la adoración de la iglesia primitiva.

Ocho elementos en la adoracion del Nuevo Testamento

El Nuevo Testamento enumera, por lo menos, ocho elementos de la adoración practicados en la iglesia primitiva. En la actualidad estos elementos nos sirven de modelo y son:

1. La oración es comunicarse con Dios de tal manera que lleva a la congregación a estar consciente de la presencia de Dios. Jesús instó a sus seguidores para que no oraran como los hipócritas, les dijo a sus discípulos que oraran en secreto, sin repeticiones vanas y que lo hicieran por la venida del reino. También los enseñó a orar por el pan cotidiano, para librarse de la tentación, pedir perdón y librarse del mal así como para reverenciar a Dios con todo su poder y gloria (Mt 6.5-13).

Durante el Sermón del Monte Jesús les recordó a todos sus oyentes que debían:

«... buscad primeramente el reino de Dios y su justicia y todas estas cosas os serán añadidas» (Mt 6.33).

La alabanza era un elemento principal en la adoración de la iglesia primitiva.

La oración era muy importante en la adoración de la iglesia primitiva. Pablo recomendó con ahínco a las iglesias que oraran por los necesitados, por los que tenían problemas, por la extensión del evangelio y por las personas que habían pecado. El apóstol animó a los tesalonicenses:

«Orad sin cesar: Dad gracias en todo, porque esta es la voluntad de Dios para con vosotros en Cristo Jesús» (1 Ts 5.17-18).

Instó a las iglesias a orar por sus esfuerzos misioneros y el ministerio. Pablo escribió a Timoteo:

«Exhorto ante todo, a que se hagan rogativas, oraciones, peticiones y acciones de gracias, por todos los hombres; por los reyes y por todos lo que están en eminencia, para que vivamos

quieta y reposadamente en toda piedad y honestidad. Porque esto es bueno y agradable delante de Dios nuestro Salvador» (1 Ti 2.1-3).

2. La alabanza expresa a Dios nuestra adoración y gratitud por su carácter; de lo que es y obra, y ayuda a la congregación en su comprensión de la realidad del reino de Dios y su dominio sobre el mundo y sus vidas. La alabanza era un elemento principal en la adoración de la iglesia primitiva (Hch 2.46-47). Pablo y Silas dirigieron un culto de adoración cuando estuvieron presos en Filipos por predicar el evangelio.

«Pero a medianoche, orando Pablo y Silas, cantaban himnos a Dios; y los presos los oían» (Hch 16.25).

A menudo el pueblo de Dios le alababa con cantos e himnos. A través del Antiguo Testamento, los israelitas agradecidos por su liberación, alabaron a Dios con cánticos. Lo alabaron por sus milagros y por la intervención en sus vidas. Los primeros cristianos alabaron a Jesús con cánticos por lo que había hecho por ellos (Ef 5.19; Col 3.16).

Pablo encargó a los creyentes en Roma:

«Y para que los gentiles glorifiquen a Dios por su misericordia, como está escrito: Por tanto, yo te confesaré entre los gentiles, y cantaré a tu nombre. Y otra vez dice; Alegraos, gentiles, con su pueblo. Y otra vez; Alabad al Señor todos los gentiles, y magnificadle todos los pueblos» (Ro 15.9-11).

La alabanza a Dios implica un acto de obediencia y no consiste en seguir nuestros sentimientos.

Es necesario que la alabanza sea un elemento principal en nuestras iglesias. Tenemos que adorar al Señor por habernos creado y redimido en Cristo. La alabanza a Dios no es tan sólo una explosión emocional de nuestros corazones. Venimos ante el Señor para alabarle porque así nos lo enseña en su Palabra. Moisés dijo:

«Él es el objeto de tu alabanza, y él es tu Dios, que ha hecho contigo estas cosas grandes y terribles que tus ojos han visto» (Dt 10.21).

No alabamos a Dios simplemente porque nos haya bendecido y hecho buenas cosas por nosotros. Le alabamos porque Él quiere que lo hagamos y porque nos lo ordenó.

La alabanza a Dios implica un acto de obediencia y no consiste en seguir nuestros sentimientos. La adoración se hace aburrida cuando nos convertimos en el centro de la misma y no la enfocamos en Dios.

3. La confesión y el arrepentimiento. Dios restaura el compañerismo cuando la congregación confiesa está (de acuerdo con Dios en relación con la realidad de su pecado) y se arrepiente (se aparta de su pecado y vuelve a Dios). La confesión es el corazón de la adoración y agrada a nuestro Señor. La adoración es un tiempo para permitirle al Señor que cambie nuestras mentes, corazones y vidas. Es un tiempo para entregarnos a Él.

No consiste en oír pasivamente la música, las oraciones y el sermón en los cultos sin ser afectados y cambiados por la experiencia de la adoración. Después que experimentemos la presencia del Señor por medio de la adoración no podemos ser los mismos. Debemos estar aptos para reconocer nuestra pecaminosidad y flaqueza en la presencia de Dios y clamar a Él, confesándole nuestros pecados y debilidades.

La adoración es el momento para escuchar al Señor y permitirle que nos cambie con su presencia, poder y Palabra.

4. La confesión de fe en Dios el Padre, el Hijo y el Espíritu Santo. La profesión provee la oportunidad a la congregación de reconocer y responder a la Palabra de Dios y su actividad. Pablo escribió a los creyentes en Roma:

«Que si confesares con tu boca que Jesús es el Señor, y creyeres en tu corazón que Dios le levantó de los muertos, serás salvo. Porque con el corazón se cree para justicia, pero con la boca se confiesa para salvación» (Ro 10.9-10).

Cuando confesamos nuestra fe en el Padre, el Hijo y el Espíritu Santo, declaramos que sólo Dios es el creador, redentor y sustentador. Declaramos que sólo Él es digno de recibir gloria, honra y alabanza.

> La adoración es el momento de escuchar al Señor permitiéndole que nos cambie con su presencia, poder y Palabra.

> La lectura y estudio de las Escrituras son esenciales en nuestra adoración.

5. La lectura y el estudio de las Escrituras. Dios transforma a la congregación mediante su Palabra, por lo tanto, la adoración incluye una parte considerable de las Escrituras. Escuchar, leer y estudiar las Escrituras es esencial para tener una vida cristiana saludable. El Espíritu Santo usa estos elementos para que centremos nuestra atención en Dios y entremos en una relación de compañerismo con Él.

Las Escrituras eran importantes para Jesús (Lc 4.16-21). Después de la resurrección, apareció a dos de sus discípulos en el camino a Emaús. Ellos no sabían que estaban hablando con el Señor resucitado. Cuando Jesús les preguntó sobre sus rostros tristes, ellos le contaron sobre la crucifixión y sepultura, expresándole sus dudas acerca de la resurrección. Jesús los reprendió por su incredulidad y les enseñó la verdad como aparece revelada en las Escrituras:

> «Y comenzando desde Moisés, y siguiendo por todos los profetas, les declaraba en todas las Escrituras lo que de él decían» (Lc 24.27).

Después que el discípulo reconoció a Jesús, éste desapareció y más tarde se les apareció a sus discípulos en Jerusalén (Lc 24.31, 36-43). Los dos discípulos se maravillaron de lo que habían presenciado:

> «Y se decían el uno al otro: ¿No ardía nuestro corazón en nosotros, mientras nos hablaba en el camino, y cuando nos abría las Escrituras?» (Lc 24.32).

Jesús les demostró a sus discípulos reunidos en Jerusalén, que había resucitado de la muerte enseñándoles sus manos y pies. Les abrió las Escrituras y les explicó cómo se habían cumplido con Él.

> «Y les dijo: Estas son las palabras que os hablé, estando aún con vosotros: que era necesario que se cumpliese todo lo que está escrito de mí en la ley de Moisés, en los profetas y en los salmos. Entonces les abrió el entendimiento, para que comprendiesen las Escrituras» (Lc 24.44-45).

El Espíritu Santo usa la lectura, el oír y estudiar las Escrituras para llevar nuestra atención a Dios.

La predicación es esencial en los cultos de adoración.

La proclamación de la Palabra de Dios evangeliza, edifica y educa.

La lectura y el estudio de las Escrituras fue una parte importante de la adoración de la iglesia primitiva (1 Ti 4.13). En nuestros días tiene la misma importancia.

6. La predicación. Dios usa la predicación de Su Palabra para instruir, enseñar, desafiar, confrontar, convencer y exhortar a la congregación a obedecer su Palabra. La predicación es la parte central en los cultos de adoración porque destaca al Señor y su magnificencia. La iglesia debe proclamar sus palabras, su persona, poder y nombre, dentro y fuera de los edificios de la misma. Todo creyente debe proclamar su verdad, naturaleza y mensaje en todos los lugares. El pueblo de Dios debe escuchar la Palabra de Dios. La proclamación de la Palabra de Dios evangeliza, edifica y educa. Nada puede sustituir a la predicación en los cultos de adoración de la iglesia. Esta expone la verdad de Dios a su pueblo y lo prepara para que sea un mensajero.

Pablo escribió a los creyentes en Roma:

«Así que, hermanos, os ruego por las misericordias de Dios, que presentéis vuestros cuerpos en sacrificio vivo, santo, agradable a Dios, que es vuestro culto racional. No os conforméis a este siglo, sino transformaos por medio de la renovación de vuestro entendimiento, para que comprobéis cuál sea la buena voluntad de Dios, agradable y perfecta» (Ro 12.1-2).

Pablo se refirió al sacrificio de nuestras vidas como nuestro "culto racional" al Señor. Cuando adoramos al Señor venimos ante su presencia en oración, confesión y alabanza para escuchar su Palabra.

7. La cena del Señor y el bautismo. Jesús estableció las ordenanzas como símbolos dramáticos para hacer consciente a la congregación de su obra por ellos. La cena del Señor y el bautismo son dos actos hermosos y conmovedores de adoración que Jesús nos dio para que lo recordáramos.

Fácilmente podemos imaginar cuán conmovedores fueron los momentos en los que Jesús entregó el pan partido a sus discípulos apenas unas horas antes de su crucifixión. Él les miró a los ojos y pronunció aquellas inolvidables palabras:

La cena del Señor y el bautismo son dos hermosos actos conmovedores de adoración.

Las iglesias deben hacer del bautismo una parte esencial de la adoración.

«haced esto en memoria de mí». Tomando luego la copa dijo: «Esta copa es el nuevo pacto en mi sangre, que por vosotros se derrama» (Lc 22.19-20).

La petición de Jesús de ser bautizado sorprendió a Juan. Este declaró: «Yo necesito ser bautizado por ti, ¿y tú vienes a mí?» (Mt 3.14). Jesús insistió en que Juan lo bautizara. Jesús declaró que era necesario ser bautizado para cumplir toda justicia. Las Escrituras declaran:

«Y Jesús, después que fue bautizado, subió luego del agua; y he aquí los cielos fueron abiertos, y vio al Espíritu de Dios que descendía como paloma, y venía sobre él. Y hubo una voz de los cielos, que decía: Este es mi Hijo amado, en quien tengo complacencia» (Mt 3.16-17).

Los creyentes deben seguir el ejemplo de Jesús y las iglesias deben hacer del bautismo una parte esencial de la adoración. Los discípulos de Jesús, la iglesia primitiva y los primeros misioneros incorporaron el bautismo en su adoración. El día del Pentecostés, los que oyeron el mensaje de Pedro le preguntaron a él y al resto de los apóstoles, qué debían hacer. Pedro respondió: «Arrepentíos, y bautícese cada uno de vosotros en el nombre de Jesucristo» (Hch 2.37-38).

> Nuestras vidas deben ser nuestra primera ofrenda a Dios.

«Así que, los que recibieron su palabra fueron bautizados; y se añadieron aquel día como tres mil personas» (Hch 2.41).

Pablo destacó la importancia del bautismo:

«Un cuerpo, y un Espíritu, como fuisteis también llamados en una misma esperanza de vuestra vocación; un Señor, una fe, un bautismo, un Dios y Padre de todos, el cual es sobre todos, y por todos, y en todos» (Ef 4.4-6).

8. Las ofrendas. El entregarse uno mismo, los diezmos y las ofrendas a Dios son respuestas de mayordomía obedietne, de mayordomía, gratitud y confianza. La adoración requiere que en obediencia a Dios le entreguemos nuestro ser. Nuestras vidas deben ser nuestra primera ofrenda a Dios.

> Ofrendar es un acto de adoración.

En Romanos 12.1-2 Pablo mencionó la entrega de nuestro ser. Debemos presentar nuestros cuerpos en sacrificio vivo, santo, agradable a Dios, que es nuestro culto racional.

También debemos dar de nuestros recursos. Ofrendar es un acto de adoración, de reconocimiento de lo que nuestro Señor ha hecho por nosotros. En sus últimas instrucciones a la iglesia en Filipo, Pablo les agradeció su generosidad.

Los creyentes y las iglesias tienen la libertad de adorar al Padre como el Espíritu Santo les guíe.

«Y sabéis también vosotros, oh filipenses, que al principio de la predicación del evangelio, cuando partí de Macedonia, ninguna iglesia participó conmigo en razón de dar y recibir, sino vosotros solos; pues aun a Tesalónica me enviasteis una y otra vez para mis necesidades. No es que busque dádivas, sino que busco fruto que abunde en vuestra cuenta[...] Mi Dios, pues, suplirá todo lo que es os falta conforme a sus riquezas en gloria en Cristo Jesús» (Fil 4.15-17, 19).

LOS ELEMENTOS SON MAS IMPORTANTES QUE LOS MÉTODOS

El orden de estos ocho elementos de la adoración en las iglesias primitivas no se establece en las Escrituras. Cada uno parece tener un lugar importante en las iglesias del Nuevo Testamento. Los creyentes y las iglesias tienen la libertad de adorar al Padre como el Espíritu Santo les guíe.

Cada culto de adoración debe ser un encuentro con el Señor.

Las formas de adorar son tantas como las culturas en las cuales se adora al Señor. Sin embargo los elementos de adoración son consistentes a través del Nuevo Testamento. El sujeto y objeto de la adoración es Dios: Padre, Hijo y Espíritu Santo.

EL PROPOSITO DE NUESTRA ADORACION

El propósito de la adoración es venir delante del Señor en obediencia para alabarle y escucharle, así como para confesar nuestros pecados y entregarle nuestras vidas a Él. Cada culto de adoración debe ser un encuentro con el Señor, que transcienda nuestros sentimientos, deseos y aun nuestra habilidad para la actuación. La adoración reclama una respuesta. Bien sea compartiéndola con otros presentes o solo como una respuesta privada del corazón; pero debe guiarnos a un cambio de estilo de vida.

Tenemos el Espíritu Santo para guiarnos y dirigirnos a adorar en cualquier lugar y hora.

La adoracion personal y familiar es esencial

Además de la adoración colectiva, cada iglesia necesita enseñar a sus miembros el valor de la adoración personal y familiar. La familia de la iglesia es un compañerismo unido por más de un día a la semana.

En realidad, la iglesia es un compañerismo distribuido en la comunidad hasta que se reúne en un edificio para adorar y estudiar la Biblia. La adoración debe distinguirse por la oración, la alabanza, la lectura de las Escrituras y la enseñanza.

Aunque necesitamos reunirnos en nuestros templos durante el día del Señor y en otras ocasiones, tenemos el Espíritu Santo para guiarnos y dirigirnos a adorar en cualquier lugar y hora. Debemos obedecer las exhortaciones bíblicas de adorar al Señor en un culto congregacional, en el culto familiar y en nuestro diario andar con el Señor.

Para concluir tenemos:

1 fuerza impulsora para el crecimiento de la iglesia:
　La Gran Comisión

5 funciones esenciales para el crecimiento de la iglesia:
　Evangelización
　Discipulado
　Compañerismo
　Ministerio
　Adoración

Y ahora, los *4* resultados.

Si practicamos estas cinco funciones, experimentaremos los cuatro resultados presentados en el capítulo siguiente.

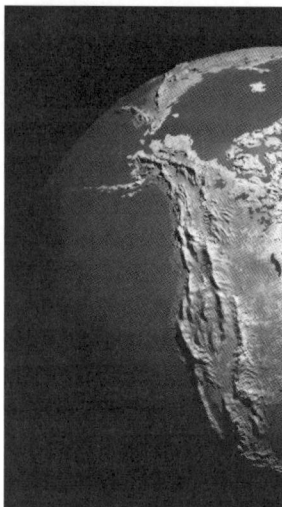

CUATRO RESULTADOS
DEL CRECIMIENTO
DEL REINO

J esús declaró: *«Mas buscad primeramente el reino de Dios y su justicia, y todas estas cosas os serán añadidas» (Mt 6.33).*

Nunca debemos olvidar que estamos buscando el reino de Dios y su crecimiento cuando evangelizamos, discipulamos, ministramos, tenemos compañerismo y adoramos. Sin embargo con la presión de tantos asuntos y problemas que nos acosan en el trabajo de la iglesia, es difícil que podamos mantener nuestra perspectiva correctamente. Completar el reino es la meta de la actividad de Dios en este mundo y nuestra tarea es hacer lo que sea necesario para participar con Él en el crecimiento de su reino. Todo el esfuerzo que invertimos en desarrollar las iglesias debe dar por resultado el aumento del reino de Dios.

Buscar el reino de Dios es nuestra primera prioridad. Cuando el reino de Dios es nuestra guía y primera prioridad, el crecimiento de la iglesia toma el lugar correcto en el trabajo, el planeamiento y servicio que brindamos. El crecimiento de la iglesia es la consecuencia de hacer bien la obra del reino.

En años recientes la naturaleza del crecimiento de la iglesia se ha definido de muchas maneras. Las discusiones de los métodos y el significado del crecimiento de la iglesia han aumentado más ahora que en cualquier otra época de la historia reciente. Tenemos más materiales prometiendo fomentar el crecimiento de la iglesia que nunca antes. Existen instituciones privadas, seminarios y organizaciones estudiando y promoviendo el crecimiento de las iglesias. A través del mundo ha surgido una vasta colección de conferencias, materiales, talleres, consultantes e iglesias que enseñan diferentes métodos. Este énfasis en el crecimiento de la iglesia es una señal positiva y necesaria en todas las congregaciones. Aun así, necesitamos poner nuestra atención en algo más que métodos, modelos y técnicas. Tenemos que enfocar la dinámica del crecimiento de la iglesia que provee el reino de Dios si queremos ver resultados perdurables.

Cuatro resultados del crecimiento del reino

El crecimiento de la iglesia no es un resultado de métodos. El verdadero crecimiento de la iglesia no es el resultado de la aplicación de métodos sino el resultado de la actividad sobrenatural de Dios que desea redimir a las personas. Cuando la iglesia descubre y aplica los principios del reino para crecer, se produce un aumento natural en la iglesia.

Muchas personas asocian el crecimiento de la iglesia sólo con el aumento numérico, pero esa idea es muy limitada. Las iglesias cambian en ciclos de vida que incluyen el nacimiento, desarrollo, crecimiento, estancamiento, declive y algunas veces la muerte. El reino de Dios nunca deja de crecer, a pesar de las altas y bajas en el crecimiento de las congregaciones. Las iglesias son agentes vivos del crecimiento del reino; pero no todas las iglesias pueden crecer ni crecerán numéricamente para siempre. El reino de Dios siempre está creciendo numéricamente, pero las iglesias pueden crecer o no.

El crecimiento de la iglesia no sólo se mide con números. Cuatro clases de crecimiento se producen cuando un cuerpo de creyentes sigue fielmente las cinco funciones esenciales para el crecimiento del reino. La evangelización, el discipulado, el compañerismo, el ministerio y la adoración aplicados a fin de cumplir la Gran Comisión, dan como resultado el crecimiento de la iglesia en cuatro dimensiones: numérica, transformación espiritual, expansión de los ministerios y avance del reino.

1. Crecimiento numérico

Crecimiento numérico significa el aumento en números de los miembros de la iglesia, bautismos y nivel de asistencia. Ya que el reino de Dios está aumentando numéricamente, las iglesias que practican los principios del reino también están creciendo numéricamente. Cuando hacemos las cosas en el nombre y con el poder de Dios, reunimos una cosecha de almas. El concepto de cosecha significa que Dios, mediante el testimonio de los creyentes, añade nuevas personas al cuerpo de Cristo. Cuando las almas aceptan a Cristo Jesús por fe, pasan de muerte a vida y son bienvenidas al cuerpo de Cristo. Cada segundo, en algún lugar del mundo, alguien se salva por la gracia de Dios y viene a ser partícipe del reino.

> El verdadero crecimiento de la iglesia es el resultado de la actividad sobrenatural de Dios.

> El reino de Dios siempre está creciendo numéricamente, pero las iglesias pueden crecer o no.

> El crecimiento de la iglesia no sólo se mide con números.

A medida que los creyentes maduran espiritualmente, Dios le da a las iglesias el aumento numérico.

Los números fuera y dentro del cuerpo de Cristo son señales de lo que está sucediendo en el crecimiento de la iglesia y del reino.

TODOS NECESITAN OIR EL EVANGELIO

Algunas personas restan valor al crecimiento numérico favoreciendo el crecimiento espiritual. Ninguno de los dos se debe descontar porque ambos son importantes. Dios obra guiando a los creyentes en su crecimiento espiritual. A medida que estos maduran espiritualmente, Dios le da a las iglesias el aumento numérico. Ambos crecimientos, numérico y espiritual, son obra de Dios. Desconfiar de que Dios dará el crecimiento, es dudar de Él.

Dios nos envía al mundo a predicar y enseñar el evangelio a las personas. Él creó y anhela la redención. Desea que sintamos un intenso deseo de alcanzar a toda persona con las buenas nuevas de salvación en Cristo.

La necesidad de redención es universal. Nuestra tarea es llevar el mensaje de redención a toda persona a través del mundo.

LA IMPORTANCIA DE LOS NUMEROS

Sin una perspectiva apropiada de la Gran Comisión es posible perder de vista el significado de los números. Estos, fuera y dentro del cuerpo de Cristo, son señales de lo que está sucediendo en el crecimiento de la iglesia y del reino. Los que necesitan al Señor y los que le conocen se pueden contar. Al verdadero servicio en el reino le sigue el aumento numérico en la iglesia.

Jesús declaró Su intención de edificar Su iglesia en la profesión de fe y discipulado de los creyentes cuando le dijo a Pedro:

«Y yo también te digo, que tú eres Pedro, y sobre esta roca edificaré mi iglesia; y las puertas del Hades no prevalecerán contra ella» (Mt 16.18).

Los informes de las iglesias del primer siglo revelan claramente que Dios estaba obrando entre ellas. Observe con cuánta naturalidad las Escrituras mencionan los números:

«Así que, los que recibieron su palabra fueron bautizados; y se añadieron aquel día como tres mil personas» (Hch 2.41).

«Pero muchos de los que habían oído la palabra, creyeron; y el número de los varones era como cinco mil» (Hch 4.4).

«Y crecía la palabra del Señor, y el número de los discípulos se multiplicaba grandemente en Jerusalén; también muchos de los sacerdotes obedecían a la fe» (Hch 6.7).

«Y la mano del Señor estaba con ellos, y gran número creyó y se convirtió al Señor» (Hch 11.21).

Los numeros indican que Dios esta obrando

El peligro no está en usar los números para ver lo que Dios está haciendo. El problema consiste en ver en las estadísticas números en lugar de personas y usarlas como la única medida del crecimiento de la iglesia en vez de indicadores de la actividad de Dios en las iglesias y en su reino.

Las estadísticas se encuentran en las Escrituras para revelar el número de vidas tocadas por el poder de Dios y cambiadas para siempre por su gracia. Las estadísticas se pueden usar para muchos propósitos; pero raramente prueban, por sí solas, cualquier cosa concluyente. Sin embargo, los números sí indican que el reino de Dios está creciendo constantemente en el mundo.

No debemos ignorar la importancia que tienen los numeros

Si no le damos importancia al crecimiento numérico confrontamos varios peligros. Tendremos menos motivación para evangelizar a nuestra familia, amistades, vecinos y otras personas perdidas que conocemos. Tendremos menos motivación para unirnos a Dios en su misión de redimir a las personas. Perderemos de vista el mensaje de la Biblia que nos dice que el tiempo que las personas tienen para ser salvas de sus pecados es limitado, al igual que es limitado el tiempo que nosotros tenemos para alcanzarlas con el evangelio.

Pedro mencionó las veces y oportunidades que tenemos:

«El Señor no retarda su promesa, según algunos la tienen por tardanza, sino que es paciente para con nosotros, no queriendo que ninguno perezca, sino que todos procedan al arrepentimiento» (2 Pe 3.9).

El problema consiste en ver en las estadísticas números en lugar de personas y usarlas como la única medida del crecimiento de la iglesia.

Si no le damos importancia al crecimiento numérico, tendremos menos motivación para evangelizar a nuestra familia, amistades, vecinos y otras personas perdidas que conocemos.

Los números de los informes de asistencia, membresía y bautismos indican si nuestros esfuerzos en la iglesia siguen el modelo y la voluntad de Dios. El aumento numérico revela algunos de los resultados de la obra de Dios en nuestro alrededor y a través de nosotros para salvar a las personas.

Segundo, nos arriesgamos a perder la comunión con el corazón de Dios si descontamos el valor de los números. El corazón de Dios busca alcanzar a las personas donde quiera que se encuentran y cualquiera que sea la condición en que vivan. Él anhela redimirlas, cambiar sus vidas y cuidar de ellas. Él desea que las personas vivan abundantemente y que alcancen su potencial más alto.

> El corazón de Dios busca alcanzar a las personas donde quiera que se encuentran y cualquiera que sea la condición en que vivan.

El crecimiento numérico trae nueva vida y esperanza

Si no le damos importancia al crecimiento numérico en el cuerpo de Cristo perdemos de vista a las personas que necesitan al Señor.

El Padre determinó el momento preciso en que Cristo regresará a la tierra para llevar a su pueblo al hogar celestial. No ha revelado el tiempo; pero debemos estar de acuerdo con Pedro en que el tiempo de espera significa que el Señor desea que más personas entren en el reino.

El crecimiento numérico trae nueva vida y esperanza a la iglesia y nos recuerda estar en los negocios del Padre.

Podemos estar seguros del crecimiento numérico

Dios quiere más personas salvas y podemos estar seguros de que Él dará el aumento si practicamos las cinco funciones para el crecimiento de la iglesia. Más personas que nunca antes viven actualmente en el mundo. Por lo tanto, tenemos la oportunidad de que se salven más personas que nunca.

> Podemos estar seguros de que Dios dará el aumento si practicamos los principios del reino para el crecimiento de la iglesia.

Nuestra tarea es cumplir las cinco funciones esenciales de la iglesia para entonces disfrutar el crecimiento numérico. Estamos rodeados de personas perdidas. El reino de Dios está creciendo. El Padre, el Hijo y el Espíritu Santo están obrando en el mundo para redimir a las personas. Podemos estar seguros que nuestras iglesias experimentarán el crecimiento numérico cuando el Señor guíe nuestros esfuerzos.

2. Transformacion espiritual

Practicar los principios de crecimiento del reino también motiva el crecimiento espiritual. Las Escrituras destacan enfáticamente el crecimiento espiritual. Esta es una de las encomiendas que Cristo nos dio en la Gran Comisión:

> «Enseñándoles que guarden todas las cosas que os he mandado».

Si el crecimiento numérico fuera todo lo que la iglesia deseara alcanzar, el objetivo sería la creación de algo «de una milla de ancho y media pulgada de profundidad». Nuestro Señor no intenta que el crecimiento de la iglesia sea superficial. Sin duda alguna, el crecimiento del reino involucra el crecimiento numérico; pero el crecimiento continuo de los creyentes y la expansión del reino abarca mucho más. El Señor nos mandó alcanzar a las personas con su poder. Prometió redimir a las personas y transformarlas en sus discípulos. La transformación espiritual es la obra de Dios de cambiar a una persona a la semejanza de Jesús al crear una nueva identidad en Cristo y al darle una relación de amor, confianza y obediencia para toda la vida y que glorifique a Dios (2 Co 3.18).

Los discipulos deben crecer en madurez espiritual

No somos productos terminados. No hemos llegado al fin de la jornada, pero estamos en el camino (Fil 3.13-14). Pablo llama a los creyentes en Galacia: «hijitos míos» (Gá 4.19).

La analogía de «hijitos míos» y un nuevo nacimiento en Cristo son más que apropiados. Las personas que nacen de nuevo necesitan aprender, comprender, practicar y modelar el significado que tiene ser discípulo de nuestro Señor y Salvador. Día tras día y año tras año, los niños pasan a través de etapas de crecimiento en el camino a la madurez; igual son los creyentes. Se espera que los cristianos recién nacidos crezcan espiritualmente igual que crece un recién nacido.

Igual que los niños pequeños necesitan ayuda y estímulo para hablar, caminar y finalmente convertirse en adultos responsables, los nuevos cristianos necesitan el respaldo y la dirección de la iglesia para crecer y madurar espiritualmente.

> Él prometió redimir a las personas y transformarlas en sus discípulos.

> Los nuevos cristianos necesitan el respaldo y la dirección de la iglesia para crecer y madurar espiritualmente.

Pedro instó a todos los creyentes a:

«Antes bien, creced en la gracia y el conocimiento de nuestro Señor y Salvador Jesucristo. A él sea gloria ahora y hasta el día de la eternidad. Amén» (2 Pe 3.18).

Etapas en la transformacion espiritual

Los discípulos se encuentran en varias etapas de la madurez espiritual. Algunos son bebés en Cristo. Otros están creciendo y luchando para ser semejantes a Él. Otros son maduros espiritualmente. Algunos, desafortunadamente, están haciendo poco o nada para crecer en Cristo.

Jesús nos encomendó hacer discípulos. También demostró con su ejemplo cómo era la vida del discípulo. Modeló la vida abundante y controlada por el Espíritu y nos enseñó a vivirla. Su ejemplo de una vida con madurez espiritual es la clase de vida que pide a los creyentes que modelen. La transformación espiritual ocurre cuando el ejemplo de Cristo se vive en el compañerismo de la iglesia.

A través de la Biblia se menciona frecuentemente la transformación espiritual. Moisés advirtió a los israelitas que amaran al Señor su Dios con todo su corazón, alma y poder (Dt 6.4-5). Luego, con palabras que no deben dejar dudas en la mente de ninguna persona, Moisés dijo que la Palabra de Dios debe enseñarse a los hijos para que pudieran vivir agradándole a Él:

«Y las repetirás a tus hijos, y hablarás de ellas estando en tu casa, y andando por el camino, y al acostarte, y cuando te levantes» (Dt 6.7).

La iglesia debe ocuparse de la enseñanza si desea que los creyentes sean transformados espiritualmente.

El don de la vida eterna y el perdon

El don gratuito de Dios mediante la fe en Cristo tiene dos dimensiones importantes que todos los creyentes poseen y disfrutan. La primera es el don de la vida eterna.

«Porque de tal manera amó Dios al mundo, que ha dado a su Hijo unigénito, para que todo aquel que en él cree, no se pierda, mas tenga vida eterna» (Jn 3.16).

El ejemplo de Jesús de una vida con madurez espiritual es la clase de vida que pide a los creyentes que modelen.

La transformación espiritual ocurre cuando el ejemplo de Cristo se vive en el compañerismo de la iglesia.

El segundo gran beneficio que recibimos desde el momento que creemos en Cristo es el perdón de nuestros pecados. Se nos libera de la culpa y la pena del pecado y entramos en una relación correcta con Dios. Pedro declaró:

«Porque también Cristo padeció una sola vez por los pecados, el justo por los injustos, para llevarnos a Dios, siendo a la verdad muerto en la carne, pero vivificado en espíritu» (1 Pe 3.18).

LA TRANSFORMACION ESPIRITUAL COMIENZA EN LA CONVERSION

El don de la vida eterna y el perdón son el comienzo de la vida cristiana. La vida eterna es una posesión presente para cada creyente en el momento que él o ella confía en Cristo como Salvador. Pero la salvación continúa desde la conversión hasta la madurez espiritual, a través de la resurrección y por toda la eternidad.

Cuando Dios salva a las personas y las trae a su reino eterno anhela que se asemejen más y más a Él. Desea que crezcan en la gracia y el conocimiento de nuestro Señor Jesucristo. Pablo dijo que convertirse en cristiano es una experiencia transformadora que nos cambia radicalmente de lo que éramos a lo que Jesucristo quiere que seamos.

«Y él os dio vida a vosotros, cuando estabais muertos en vuestros delitos y pecados» (Ef 2.1).

«Por tanto, nosotros todos, mirando a cara descubierta como en un espejo la gloria del Señor, somos transformados de gloria en gloria en la misma imagen, como por el Espíritu del Señor» (2 Co 3.18).

LA VIDA ABUNDANTE EN CRISTO

El comienzo de la vida cristiana nunca se repetirá. No tenemos deseos o necesidad de volver a lo que éramos. Nuestro próximo paso es ir a una vida de madurez espiritual como el Padre desea. Jesús se refirió a esta vida abundante en Juan 10.10:

«Yo he venido para que tengan vida, y para que la tengan en abundancia».

La salvación continúa desde la conversión hasta la madurez espiritual, a través de la resurrección y por toda la eternidad.

La transformación espiritual es un proceso de toda la vida que va más allá del conocimiento a vivir una vida cristiana dinámica.

Pablo, el misionero evangelista del primer siglo, se refirió a la madurez espiritual cuando declaró:

«A quien anunciamos, amonestando a todo hombre, y enseñando a todo hombre en toda sabiduría, a fin de presentar en Cristo Jesús a todo hombre» (Col 1.28).

También declaró el mismo principio de transformación espiritual a los creyentes en Éfeso:

«Y él mismo constituyó a unos, apóstoles; a otros, profetas; a otros, evangelistas; a otros pastores y maestros, a fin de perfeccionar a los santos para la obra del ministerio, para la edificación del cuerpo de Cristo» (Ef 4.11-12).

LAS CUATRO DIMENSIONES DE LA TRANSFORMACION ESPIRITUAL

La madurez espiritual de los creyentes es una meta y señal de una iglesia creciente. El crecimiento del reino de Dios no tan sólo se mide por el crecimiento numérico, sino también por la transformación espiritual de los creyentes. Éste ocurre por lo menos en cuatro áreas:

1. Desarrollo de nuestra relación con Cristo. Primero, debemos desarrollar nuestra relación con Cristo. Nuestro compañerismo e intimidad con el Señor son esenciales para lograr la transformación espiritual. Crecer en Cristo es más que crecer en conocimientos y experiencia. Transformación es crecer a la semejanza de Él. Ser semejantes a Cristo no es una opción para los creyentes; sino un requisito. Jesús dijo:

«Yo soy la vid, vosotros los pámpanos; el que permanece en mí, y yo en él, éste lleva mucho fruto; porque separados de mí nada podéis hacer» (Jn 15.5).

Las palabras de Cristo son sencillas. No se equivoque, obtenemos el crecimiento diario y el alimento espiritual de la misma fuente que recibimos la vida eterna: Cristo Jesús.

Nuestra relación con Cristo es el asunto más importante de nuestras vidas. No debemos vivir diariamente con nuestras propias fuerzas y sólo ir a Cristo cuando necesitemos ayuda,

---

El crecimiento del reino de Dios no tan sólo se mide por el crecimiento numérico, sino también por la transformación espiritual de los creyentes.

Nuestro compañerismo e intimidad con el Señor son esenciales para lograr la transformación espiritual.

consuelo y dirección. La vida abundante no existe fuera del compañerismo constante con Él.

Dios nos invita a entrar en una relación de amor con Él. No nos invita a ser salvos por medio de la sangre de Cristo y tomar nuestro camino separados de Él.

Jesús anhela que tengamos la misma clase de relación que Él tiene con su Padre. Sólo unas horas antes de su muerte, el Salvador oró por nosotros esta tierna oración:

«Para que todos sean uno; como tú, oh Padre, en mí, y yo en ti, que también ellos sean uno en nosotros; para que el mundo crea que tú me enviaste» (Jn 17.21).

Debemos crecer en nuestra relación con Él hasta el punto que Él viva su vida en nosotros y a través de nosotros. Pablo expresó este sentir cuando escribió:

«Con Cristo estoy juntamente crucificado, y ya no vivo yo, mas vive Cristo en mí; y lo que ahora vivo en la carne, lo vivo en la fe del Hijo de Dios, el cual me amó y se entregó a sí mismo por mí» (Gá 2.20).

La gracia de Dios transformó dramáticamente la vida de Pablo cuando depositó su fe en Jesús. Luego que Pablo se encontró con Cristo en el camino a Damasco no pudo vivir más su vieja vida. Era un nuevo hombre, ahora Cristo vivía en él. Nosotros también debemos crecer en nuestra relación con Cristo hasta...

«Poned la mira en las cosas de arriba, no en las de la tierra. Porque habéis muerto, y vuestra vida está escondida con Cristo en Dios. Cuando Cristo, vuestra vida, se manifieste, entonces vosotros también seréis manifestados con él en gloria» (Col 3.2-4).

2. Desarrollo de nuestras relaciones con los creyentes. En segundo lugar, debemos crecer en nuestras relaciones con otros creyentes. La señal de una iglesia creciente es la relación amorosa y calurosa que los creyentes disfrutan unos con otros. Dios crea a cada uno a su imagen, sin embargo, no hay dos personas iguales. Somos distintos, con diferentes orígenes,

> Debemos crecer en nuestra relación con Él hasta el punto que Él viva su vida en nosotros y a través de nosotros.

> La señal de una iglesia creciente es la relación amorosa y calurosa que los creyentes disfrutan unos con otros.

culturas, ideas, opiniones y experiencias. No estamos de acuerdo en muchas cosas, pero cada uno de nosotros es una parte de la familia de Dios. En Gálatas 3.26-28 Pablo señala:

«Pues todos sois hijos de Dios por la fe en Cristo Jesús; porque todos los que habéis sido bautizados en Cristo, de Cristo estáis revestidos. Ya no hay judío ni griego; no hay esclavo ni libre; no hay varón ni mujer; porque todos vosotros sois uno en Cristo Jesús».

Estos versículos hablan a nuestra posición de los unos con otros en Cristo. Somos iguales delante de Dios, pero somos diferentes en género, personalidad, responsabilidad y una gran variedad de otras maneras. Aun así, ser uno en Cristo significa que somos uno el uno con el otro. El Espíritu Santo tiene muchas funciones en nuestras vidas y en el crecimiento de la iglesia, pero ninguna es más importante que la de brindar unidad en los lazos de amor.

Las iglesias crecientes desarrollan creyentes que tienen una relación profunda con Cristo y otros creyentes. Caminar en unidad con otros cristianos no es difícil cuando el Espíritu Santo controla nuestras vidas, mentes, lenguas y acciones. No tenemos problemas al estar en compañerismo, unos con otros, si permitimos que Cristo viva su vida a través de nosotros y se exprese en lo que decimos, pensamos y hacemos.

La transformación espiritual en la iglesia edifica el compañerismo de los creyentes en una familia de hombres, mujeres, jóvenes y niños cristianos que los sostiene en los tiempos y circunstancias más difíciles. Juan dijo:

«En esto consiste el amor: no en que nosotros hayamos amado a Dios, sino en que él nos amó a nosotros, y envió a su Hijo en propiciación por nuestros pecados. Amados, si Dios nos ha amado así, debemos también nosotros amarnos unos a otros» (1 Jn 4.10-11).

Nuestra salvación se expresa en nuestro amor por Cristo y por los demás creyentes en la familia de Dios.

3. Desarrollo de las relaciones con los inconversos. La tercera dimensión de la transformación espiritual en las vidas de los

---

Caminar en unidad con otros cristianos no es difícil cuando el Espíritu Santo controla nuestras vidas, mentes, lenguas y acciones.

Las personas perdidas son objeto del amor e interés del Padre y también deben estar en nuestros corazones y mentes.

creyentes está relacionada con las personas que viven apartadas dc Dios. Las personas perdidas son objeto del amor e interés del Padre y también deben estar en nuestros corazones y mentes.

Los verdaderos discípulos de Cristo crecen en su relación con Dios y con los otros creyentes, pero también tienen un profundo deseo de ver a otros salvarse. No podemos ser discípulos de Jesús sin sentir pasión por ver a otros recibir la salvación y llegar a tener una relación de amor con Él. Las Escrituras dicen:

«Y todo esto proviene de Dios, quien nos reconcilió consigo mismo por Cristo, y nos dio el ministerio de la reconciliación» (2 Co 5.18).

«Pero recibiréis poder, cuando haya venido sobre vosotros el Espíritu Santo, y me seréis testigos en Jerusalén, en toda Judea, en Samaria, y hasta lo último de la tierra» (Hch 1.8).

«Pero tú sé sobrio en todo, soporta las aflicciones, haz obra de evangelista, cumple tu ministerio» (2 Ti 4.5).

Nunca podemos separar el discipulado de la evangelización en nuestras vidas e iglesias. En un sentido verdadero, son lo mismo. Debemos mantenernos en contacto constante con los inconversos para así testificarles y ganarlos para Cristo. Dios no tiene otro plan para redimir al mundo que usarnos a cada uno de nosotros en esta hermosa tarea. La transformación espiritual en una iglesia produce creyentes que aprenden su responsabilidad de testificar a las personas perdidas.

4. Desarrollo de la disciplina cristiana. La cuarta área de la transformación espiritual es la disciplina cristiana. La vida cristiana se edifica en disciplinas tan importantes como la lectura y estudio de la Biblia; la oración y la adoración; el testificar a otros y en participar del compañerismo con los creyentes. El discipulado, edificado en estas disciplinas, se debe enseñar a los creyentes en el cuerpo de Cristo.

Estas actividades no producirán por sí mismas cristianos maduros, pero los creyentes en Cristo necesitan beneficiarse con las mismas para crecer en madurez espiritual.

No podemos ser discípulos de Jesús sin sentir pasión por ver a otros recibir la salvación.

Nunca podemos separar el discipulado de la evangelización en nuestras vidas e iglesias.

Cada creyente debe animarse y prepararse para seguir con un deseo sincero de conocer al Señor en una relación más profunda y crecer en amor hacia los otros cristianos. El crecimiento de la iglesia no es posible sin que los creyentes estudien la Biblia, las doctrinas y el comportamiento cristiano.

Las iglesias crecientes alimentan a sus miembros enseñándolos y dirigiéndolos a practicar las disciplinas cristianas para que crezcan en la gracia y el conocimiento de nuestro Señor. La iglesia que practique las cinco funciones esenciales experimentará el crecimiento espiritual adecuado.

3. Expansion de los ministerios

El tercer resultado del crecimiento de la iglesia es la expansión de los ministerios en el cuerpo de Cristo. Las iglesias nuevas, que están en desarrollo, usualmente se ocupan de los ministerios básicos. Deben edificar ministerios fundamentales, tales como la Escuela Dominical y la adoración, los cuales ministran tanto a los creyentes como a los no creyentes. Otras necesidades salen a la superficie cuando se establecen el estudio bíblico y la adoración. Entonces se añaden otros ministerios para satisfacer esas necesidades. Las iglesias crecientes descubren que según van creciendo numérica y espiritualmente, el Espíritu Santo les abre puertas adicionales de ministerio a través de las vidas de los creyentes que están desarrollándose.

A medida que las iglesias experimentan el poder de Dios obrando en los inconversos para traerlos a Cristo y actuando en los creyentes para desarrollarlos espiritualmente, se hacen más sensibles a las necesidades en el compañerismo, la comunidad y el mundo. Se hacen más conscientes de la necesidad de expandir sus ministerios.

Las iglesias que practiquen los principios del reino para el crecimiento de la iglesia, se maravillarán al ver cómo los miembros, con naturalidad, buscarán áreas de ministerios para servir.

Los creyentes reciben dones para ministrar. Cada miembro del cuerpo de Cristo está dotado para un servicio específico. El Espíritu Santo determina quién recibe que dones para los ministerios que se necesitan en la iglesia. Pablo escribió:

Las iglesias crecientes descubren que según van creciendo numérica y espiritualmente, el Espíritu Santo les abre puertas adicionales de ministerio a través de las vidas de los creyentes que están desarrollándose.

Cada miembro del cuerpo de Cristo está dotado para un servicio específico.

Cuatro resultados del crecimiento del reino

«Ahora bien, hay diversidad de dones, pero el Espíritu es el mismo[...] Pero todas estas cosas las hace uno el mismo Espíritu, repartiendo a cada uno en particular como él quiere» (1 Co 12.4, 11).

Según el cuerpo de Cristo madura y crece, el Espíritu Santo presenta las necesidades y oportunidades para ministrar y también provee los creyentes dotados para satisfacer esas necesidades.

Actualmente las necesidades del mundo son mayores que en cualquier otro tiempo de la historia, al mismo tiempo que los recursos para satisfacer las mismas son más críticos que nunca antes. ¿Cómo pueden las iglesias mostrar el amor y cuidado de Cristo a las personas en nuestras comunidades y alrededor del mundo?

Ignorar a las personas que sufren y pasan hambre nunca estuvo en la mente de Cristo. Él planea satisfacer esas necesidades a través de las vidas de sus hijos que están localizados alrededor del mundo. Recuerde las palabras de Jesús:

«[...]Señor, ¿cuándo te vimos hambriento, y te sustentamos, o sediento, y te dimos de beber? ¿Y cuándo te vimos forastero, y te recogimos, o desnudo, y te cubrimos? ¿O cuándo te vimos enfermo, o en la cárcel, y vinimos a ti?[...] De cierto os digo que en cuanto lo hicisteis a un de estos mis hermanos más pequeños, a mí lo hicisteis» (Mt 25.37-40).

«Porque el Hijo del Hombre no vino para ser servido, sino para servir, y para dar su vida en rescate por muchos» (Mr 10.45).

Comisionados para ministrar. El Señor no espera que podamos satisfacer las necesidades de todas las personas alrededor del mundo con nuestro poder. Él no nos daría esa clase de carga. No tenemos el plan, los recursos o la habilidad para satisfacer necesidades de esa magnitud. Sin embargo, no podemos ser pasivos ante esa situación. Dios espera que depositemos nuestros recursos y habilidades en sus manos. Él los bendecirá, multiplicará y añadirá para que de esa manera tengamos más que suficiente para satisfacer las necesidades de

El Espíritu Santo presenta las necesidades y oportunidades para ministrar y también provee los creyentes dotados para satisfacer esas necesidades.

El Señor no espera que podamos satisfacer las necesidades de todas las personas alrededor del mundo con nuestro poder. Dios espera que depositemos nuestros recursos y habilidades en sus manos para su uso.

todas las personas. Cuando entregamos por completo nuestro ser y posesiones a Dios, y seguimos su dirección podemos ministrar a cualquier persona en su nombre, en cualquier parte del mundo.

Dios nos da el poder para ministrar con sus recursos de acuerdo con su voluntad. Nos permite ser canales de misericordia y ministerio a otros. El Espíritu Santo toca las vidas de los creyentes para mostrarles las necesidades de la humanidad que está al otro lado de la calle o en el mundo. Él quiere que sintamos el peso del amor que tiene por esas personas y que les ministremos.

¿Cómo satisfacer las necesidades de las personas si no tenemos los recursos adecuados? Es posible que esa pregunta surja por nuestra falta de fe y por actuar como si las cosas que tenemos fueran nuestras y no de Él. No somos dueños, somos mayordomos en el reino de Dios. Ministramos sus posesiones a las personas de acuerdo con su liderazgo y voluntad. El Espíritu Santo nos da y nos prepara como ministros y mayordomos de las cosas de Dios para usarlas y multiplicarlas en las vidas de las personas necesitadas.

Las iglesias crecientes expanden sus ministerios. Las iglesias crecientes producen mayordomos que extienden los ministerios de la iglesia bajo la dirección del Espíritu Santo. El Señor se mueve en los corazones y vidas de las personas para hacer cosas maravillosas. Cuando el cuerpo de Cristo crece numérica y espiritualmente, ocurren cosas extraordinarias y las necesidades de las personas se satisfacen de manera excepcional.

David lo expresó claramente cuando escribió:

«De Jehová es la tierra y su plenitud; el mundo, y los que en él habitan» (Sal 24.1).

Juan señaló el poder y la autoridad que los creyentes tienen en Cristo:

«De cierto, de cierto os digo: El que en mí cree, las obras que yo hago, él las hará también; y aun mayores hará, porque yo voy al Padre» (Jn 14.12).

Cuando el cuerpo de Cristo crece numérica y espiritualmente, ocurren cosas extraordinarias y las necesidades de las personas se satisfacen de - manera excepcional.

Si los creyentes y las iglesias olvidan que están al servicio del reino, sus ministerios no tendrán ninguna diferencia con las organizaciones seculares de benevolencia.

CUATRO RESULTADOS DEL CRECIMIENTO DEL REINO

Como el Señor creó todas las cosas, tiene los recursos para hacer lo que desee a través de su pueblo. Él quiere darnos su plenitud. Debemos tomar lo que nos da e ir dónde nos envía para ministrar a los que necesitan de nosotros. Mientras vamos, podemos estar seguros que mediante el poder de Dios, cumpliremos la obra que Él nos ha mandado a hacer.

Cada creyente está llamado a servir en el reino y es un mayordomo del mismo. Cada iglesia está llamada al servicio del reino. Sin embargo, si los creyentes y las iglesias olvidan que están al servicio del reino, sus ministerios se convertirán en programas y actividades que sólo consumen el tiempo y las energías del pueblo de Dios. Tales ministerios no tendrán ninguna diferencia con las organizaciones seculares de benevolencia.

El Espíritu Santo nos guía a los ministerios. Si las estrategias y planes que desarrollamos en nuestras iglesias son simples planes y estrategias, perderemos de vista nuestra mayordomía del reino. Y también perderemos el poder y la frescura del Espíritu Santo que puede guiarnos, de acuerdo con la voluntad de Dios, a los ministerios que ha seleccionado para nosotros.

Los programas y actividades no son malos para la iglesia. Sin embargo, pueden o no estar acordes con la voluntad de Dios para una iglesia en particular, en un tiempo específico. Por lo que las iglesias deben buscar y encontrar la voluntad de Dios en cuanto a los ministerios que desean comenzar.

Todas las iglesias deben desarrollar las funciones de evangelización, discipulado, compañerismo, ministerio y adoración para ser obedientes a Dios. Los creyentes deben permear cada actividad con oración y promoverla intensamente. Pero el Espíritu Santo de Dios es el que debe guiar a los creyentes y las iglesias a hacer lo que Él desea.

Dios está ocupado en el trabajo de traer personas a su reino en este mundo y prepararlas para que después moren en su presencia eterna. Debemos aprender del Señor qué ministerio quiere Él que hagamos.

Escuchar al Espíritu Santo. Una iglesia creciente oye la voz del Espíritu Santo mediante la palabra de Dios y la oración, y depende del Espíritu para que la guíe en los ministerios que Él desea.

> Si las estrategias y planes que desarrollamos en nuestras iglesias son simples planes y estrategias, perderemos de vista nuestra mayordomía del reino.

> Mientras más madurez tengan los creyentes, mayores posibilidades habrá de que Dios los dirija a hacer cosas más grandes y diferentes.

Con frecuencia el Señor dirige a una iglesia a hacer cosas en los ministerios que son poco usuales y que salen fuera de los patrones normales. Mientras más madurez tengan los creyentes, mayores posibilidades habrá de que Dios los dirija a hacer cosas más grandes y diferentes.

En la parábola de los talentos, Jesús habló de la fidelidad de los siervos en la responsabilidad que su señor les había dado. Esto dio por resultado que el señor les diera responsabilidades más grandes de servicio.

«Porque al que tiene, le será dado, y tendrá más; y al que no tiene, aun lo que tiene le será quitado» (Mt 25.29).

Dios tiene mucho más para los creyentes de lo que jamás se puedan imaginar. Pablo escribió de la manera maravillosa en que Dios se revela, de su voluntad y de los abundantes tesoros que tiene para nosotros.

«Antes bien, como está escrito: Cosas que ojo no vio, ni oído oyó, no han subido en corazón de hombre, son las que Dios ha preparado para los que le aman. Pero Dios nos las reveló a nosotros por el Espíritu; porque el Espíritu todo lo escudriña, aun lo profundo de Dios» (1 Co 2.9-10).

No se puede entender completamente a Dios, no se pueden predecir sus acciones y no está sujeto a trabajar de acuerdo con nuestras expectativas y planes. Él escogió hacer las cosas a su manera; de acuerdo a sus propósito e incluso su llamado; preparando y dando poder a sus hijos para hacer muchas cosas maravillosas.

Una iglesia creciente disfrutará la obra renovadora del Señor levantando creyentes para hacer ministerios más allá de lo ordinario. La obra renovadora del cuerpo de Cristo revela que el reino de Dios está creciendo a medida que los ministerios se expanden.

> La obra renovadora del cuerpo de Cristo revela que el reino de Dios está creciendo a medida que los ministerios se expanden.

> La Gran Comisión «por tanto, id» no está completa hasta que las iglesias envían personas para avanzar su reino como lo manda el Señor.

4. Avance del Reino

El orden lógico de los resultados de las iglesias crecientes y los creyentes que practican los cinco principios del reino va desde el crecimiento numérico y espiritual hasta el ministerio y el avance del reino. Esta es la Gran Comisión desarrollada en su forma mejor y más pura. Sin embargo, recuerde que la

CUATRO RESULTADOS DEL CRECIMIENTO DEL REINO

Gran Comisión «por tanto, id» no está completa hasta que las iglesias envían personas para avanzar su reino como lo manda el Señor.

Las iglesias crecientes se involucran en misiones. Se debe alcanzar a cada persona con el evangelio. Luego de ser redimida, debe discipularse y prepararse, para servir a Cristo y vivir por Él. Los creyentes, dotados para el ministerio, sirven al Señor según Él lo guíe.

Una iglesia no crece como debiera si aumenta numéricamente, se desarrolla espiritualmente y extiende sus ministerios pero no se involucra en misiones. El elemento final para el crecimiento de la iglesia es participar y comprometerse al avance del reino mediante las misiones.

Aunque los resultados del crecimiento de la iglesia no se pueden separar, las misiones son la pieza que pone el trabajo de la iglesia en la perspectiva correcta. Las misiones son la corona del ministerio de la iglesia. Revelan que el pueblo de Dios ha desarrollado un punto de vista mundial apropiado y bíblico.

Dios tiene una estrategia para todas las naciones. Dios no tiene estrategias diferentes para salvar a las personas de los distintos países. No ve a los de Asia distintos a los de Europa. No ha bendecido a la América del Norte y castigado a la América del Sur. Jesucristo vino al mundo para salvar a cada persona. Tenemos un Señor y sólo un camino para la salvación. Tenemos un mensaje que predicar y un llamado al arrepentimiento y la fe. Dios tiene un reino y tiene muchas iglesias que deben evangelizar con Él.

Repasemos algunas verdades básicas de los creyentes que nos ayudarán a comprender el papel importante que todos tienen en las misiones.

• Cada creyente es un ministro. Somos salvos para servir en el reino de Dios.

• Dios llama a cada creyente a ministrar. Algunos son pastores preparados y miembros del personal de la iglesia; otros son laicos que ministran en las iglesias. Esta distinción se basa en el trabajo o papel que cada uno realiza, pero no en la importancia de la misión que El Señor le ha asignado.

> Tenemos un Señor y sólo un camino para la salvación. Tenemos un mensaje que predicar y un llamado al arrepentimiento y la fe.

> Dios llama a cada creyente a ministrar y el Espíritu Santo le da el don para ministrar.

• El Espíritu Santo dota a cada creyente para ministrar dentro del cuerpo de Cristo y servir fuera del mismo a las personas perdidas.

Dios llama a cada creyente a realizar alguna tarea en algún lugar del mundo y trabajar con Él en las misiones para redimir a las personas.

Dios llama a todos los creyentes a avanzar el reino mediante la obra misionera

Cuando la iglesia crece en número, espiritualmente y en ministerio, los creyentes se vuelven más sensibles a la necesidad de extender el evangelio más allá de su comunidad donde hay un mundo perdido en pecado. Se ensancha la ventana del mundo y se comienzan a ver los «campos[...] blanco para la siega». Se multiplica y aumenta el deseo de testificar, ganar, discipular y ministrar.

Dios llega a nosotros; llama a los creyentes a ir al mundo con el mensaje de redención. Algunos creyentes serán llamados para ir a sus familiares, iglesias y vecindad. A otros se les llamará para ir a testificar a lugares lejanos. Pero todos los creyentes están comisionados para ir al mundo como testigos del Señor. Jesús declaró:

«Como me envió el Padre, así también yo os envío» (Jn 20.21).

¿Como el perdido oira de Cristo?

Los creyentes de las iglesias crecientes se preocupan por el perdido. Aumenta el deseo de llevar el evangelio a otros lugares y a las personas de otras culturas. Esto no nos debe sorprender. Es el resultado natural de una iglesia que practica los principios del reino. Es el plan de Dios para establecer su reino.

Lo espantoso es que los que no tienen a Cristo nunca recibirán el perdón ni la vida eterna si no les presentamos el evangelio. Pablo presentó esta alarmante realidad a la iglesia en Roma y a nosotros:

«Cómo, pues, invocarán a aquel en el cual no han creído? ¿Y cómo creerán en aquel de quien no han oído? ¿Y cómo oirán sin haber quien les predique? ¿Y cómo predicarán si no fueren

Todos los creyentes están comisionados para ir al mundo como testigos del Señor.

A no ser que Dios nos llame y vayamos, los que pudieran salvarse no tendrán esperanza y estarán eternamente perdidos en el pecado y separados de Dios.

enviados? Como está escrito: ¡Cuán hermosos son los pies de los que anuncian la paz, de los que anuncian buenas nuevas!» (Ro 10.14-15).

A no ser que Dios nos llame y vayamos, los que pudieran salvarse no tendrán esperanza y estarán eternamente perdidos en el pecado y separados de Dios.

Isaías confesó sus pecados y los de su pueblo cuando vio al Señor en su santo esplendor. Sabía que Dios excedía todo lo que uno pudiera saber o experimentar. Sin embargo, lo que oyó Isaías fue el llamado del Señor:

«¿A quién enviaré, y quién irá por nosotros?»

Cuando Isaías oyó el ruego del Señor, el profeta respondió:

«Heme aquí, envíame a mí» (Is 6.8).

Nunca conoceremos el corazón del Señor hasta que no lo veamos como el santo Dios que es: soberano sobre todas las cosas y deseando alcanzar a las personas que están separadas de Él. Tampoco conoceremos el corazón de Dios hasta que reconozcamos que Él nos llama a ir en su nombre a llevar las buenas nuevas al mundo perdido.

Dios hace crecer las iglesias para enseñar el evangelio

Dios se interesa por cada persona en el mundo. A todos nos creó y su pasión es salvarnos a cada uno de la separación eterna de Él. Levanta creyentes y desarrolla iglesias para enviarlos a otros que no tienen la esperanza ni el mensaje de salvación.

Una iglesia creciente no puede descansar hasta alcanzar al mundo para Cristo, comenzando en su propia vecindad y extendiéndose a todo el mundo bajo la dirección y el poder del Espíritu Santo.

Las iglesias crecientes apoyan la obra misionera

Una iglesia creciente verá al mundo como Dios lo ve y reaccionará enviando a sus miembros como misioneros al mundo. La iglesia también se comprometerá a orar y ofrendar

Nunca conoceremos el corazón de Dios hasta que reconozcamos que Él nos llama a ir en su nombre a llevar las buenas nuevas al mundo perdido.

Una iglesia creciente no puede descansar hasta alcanzar al mundo para Cristo.

Una iglesia creciente verá al mundo como Dios lo ve y reaccionará enviando a sus miembros como misioneros al mundo.

para que el evangelio se extienda a través del mundo.

El Señor es el dueño de toda la creación y se la ofrece al redimido. Los recursos para las misiones mundiales los da por medio de las vidas de los creyentes que se convierten en canales para mantener a los misioneros en la nación y en el extranjero.

Una iglesia creciente enseña misiones

La educación misionera es un ministerio importante en las iglesias crecientes. ¿Cómo sabrán los creyentes que deben mantener las misiones si no se les enseña? Se les debe educar sobre el avance del reino tanto como sobre la evangelización, el discipulado, el compañerismo y el ministerio.

Un buen programa de misiones debe respaldarse con una buena educación misionera. La falta de recursos dedicados a las misiones en la iglesia, se debe en parte a la falta de educación misionera. Tan pronto como sea posible se debe comenzar a educar a los niños, jóvenes y adultos. Dios necesita personas que comprendan la naturaleza de su reino y cómo éste afecta a las misiones. También necesita que haya una comprensión fundamental del costo del discipulado, especialmente en las áreas de sacrificio personal y la responsabilidad de llevar el evangelio a cada persona en la tierra.

Una iglesia creciente educa a sus miembros en el avance del reino, ofrece oportunidades que respalden las misiones mediante la oración y las ofrendas, y los llama a servir al Señor como misioneros en la nación y a través del mundo. Cuando una iglesia se convierte en una iglesia que «envía», gozosamente da a sus hijos e hijas, líderes y seguidores, pastores y personal para las misiones, es una iglesia creciente contribuyendo al avance del reino.

Los 4 resultados de cumplir las 5 funciones esenciales son:
Crecimiento numérico
Transformación espiritual
Expansión de ministerios
Avance del reino

La falta de recursos dedicados a las misiones en la iglesia, se debe en parte a la falta de educación misionera.

Cuando una iglesia se convierte en una iglesia que «envía», gozosamente da a sus hijos e hijas, líderes y seguidores, pastores y personal para las misiones, es una iglesia creciente contribuyendo al avance del reino.

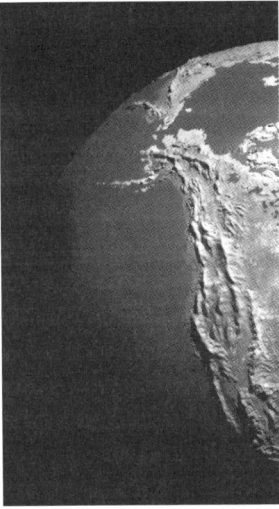

5

LA PRÁCTICA DE LA IGLESIA: UNIR LOS PRINCIPIOS DEL REINO

E l proceso de practicar los principios del reino para experimentar el crecimiento de la iglesia no es nuevo. Es tan antiguo como la Biblia y tan nuevo como las necesidades de las iglesias de hoy. Este libro identifica y destaca este proceso como *el Principio 1•5•4*. Los capítulos cinco y seis unen estos principios eternos para ayudar a los creyentes y a las iglesias a practicar el proceso bíblico del crecimiento de la iglesia.

La práctica de la iglesia surge de la estrategia intencional que determina la iglesia y describe la metodología balanceada y las acciones esenciales que una iglesia utiliza para que las personas participen en la evangelización, el discipulado, el compañerismo, el ministerio y la adoración.

¿Es posible enfocar *el Principio 1•5•4* en nuestras iglesias y vivir de manera tal que la misma crezca? ¡Por supuesto que sí! Usted se preguntará: Si no pertenezco a una iglesia creciente, ¿qué puedo hacer para que mi iglesia crezca? Las siguientes páginas están dedicadas a contestar esta pregunta

SIEMPRE COLOQUE EL PROCESO DIVINO ANTES QUE LOS MÉTODOS

Anteriormente les advertí que situar los métodos antes del proceso dado por Dios para el crecimiento de la iglesia pondría en peligro los esfuerzos de la iglesia para crecer a largo alcance. Quizás haya oído sobre un método de crecimiento que otra iglesia usó con éxito. Usted llevó a cabo ese método en su iglesia en un esfuerzo para ayudarla a crecer. Puede haber tenido buenos resultados o no. *El Principio 1•5•4* le anima a comenzar con los principios y procesos bíblicos en lugar de los métodos. El *Principio 1•5•4* le urge a volver a las Escrituras y a los primeros principios del crecimiento de la iglesia para entender el plan de Dios y seguir su dirección preparándose para crecer. *El Principio 1•5•4.* le ayudará a evitar los métodos de crecimiento que pueden fallarle y llevarlo a la frustración y el desaliento.

LOS PRINCIPIOS DEL REINO GUIAN NUESTRO TRABAJO

El trabajo más difícil en una iglesia es el que no produce resultados. No produce el crecimiento del cuerpo de Cristo en número, espíritu, ministerio ni en misiones. ¿No nos hemos sentido alguna vez como dando vueltas en círculos haciendo un trabajo infructuoso?

¿Ha notado cómo una parte de la actividad de la iglesia es cíclica? Cada año eclesiástico tiene muchas de las mismas actividades que hemos hecho año tras año. Al final del año, miramos atrás y descubrimos que las actividades han contribuido muy poco al crecimiento del reino.

Alguien ha dicho que la locura consiste en darse golpes en la cabeza diariamente, contra una pared de piedra y esperar resultados diferentes. Años tras año nosotros, los laicos y pastores, hacemos algo parecido. Nos reunimos, planeamos y trabajamos mucho para desarrollar nuestras iglesias, pero experimentamos pocos cambios.

Cambiamos los métodos cuando el nivel de nuestra frustración es suficientemente alto. Buscamos ser innovadores y creativos. Frenéticamente buscamos un método que le haya funcionado a cualquier otro e inmediatamente lo llevamos a cabo en nuestra iglesia. Cambiamos el orden y la hora del culto y el estudio bíblico, añadimos cultos, comenzamos nuevos ministerios y cambiamos el personal esforzándonos por comenzar de nuevo y no repetir los mismos errores. ¿No sería mejor dejar de guiarnos por nuestras frustraciones y darle una oportunidad a los principios del reino para el crecimiento de la iglesia?

LOS MÉTODOS NO SON LA RESPUESTA A NUESTROS PROBLEMAS

Los métodos no son la respuesta para tener un crecimiento continuo porque estos no son el problema. Los métodos son tan diferentes como las situaciones y las personas que lo usan. Los métodos son herramientas que algunas personas y grupos han desarrollado con el interés de ver crecer a sus iglesias. No hay nada erróneo o sagrado con los métodos. Algunos funcionan en un lugar y tiempo; otros en muchos lugares durante largos períodos de tiempo. Con el tiempo los métodos deben cambiarse.

Las iglesias crecen a través del uso de:

1 fuerza impulsora:
La Gran Comisión

5 funciones esenciales:
Evangelización
Discipulado
Compañerismo
Ministerio
Adoración

4 resultados:
Crecimiento numérico
Transformación espiritual
Expansión de ministerios
Avance del reino

LOS PRINCIPIOS DEL REINO PRECEDEN A LOS MÉTODOS

Los principios del reino deben aplicarse antes de que los métodos puedan funcionar con resultados positivos. Las iglesias deben aprender cómo obra Dios antes de poder trabajar con Él.

DIOS OBRA A SU MANERA

Dios es soberano y con frecuencia no actúa como creemos que debe hacerlo.

¿Ha oído alguien decir: «He estudiado los grandes avivamientos y es así cómo Dios obra?" Un estudio de estos sirve de ayuda y estímulo, pero los verdaderos avivamientos se producen cuando Dios interviene y no cuando se emplean ciertos métodos.

Dios edifica su reino usando a cada iglesia que trabaja a la manera, tiempo y de acuerdo a sus propósitos. No podemos ni debemos tratar de predecir cómo el Señor trabajará para redimir a las personas en nuestros vecindarios o culturas a través del mundo.

Debemos pasar una buena porción de tiempo con Dios, individualmente y en nuestras iglesias, orando y escuchándolo. Él está obrando a través del mundo para redimir a las personas. Debemos aprender a examinar lo que está haciendo junto a nosotros para unirnos a Él.

Debemos mirar a nuestro alrededor para ver cómo Dios está convenciendo a las personas de sus pecados, cómo abre sus vidas a Cristo y cómo se preparan para recibir a Cristo por fe. Dios usa todo tipo de circunstancias, especialmente los fracasos y las crisis, para derretir los corazones de los que están alejados de Él. Estos escuchan el evangelio y observan las vidas de los creyentes. El Espíritu Santo los convence de sus pecados y por la gracia de Dios muchos responden a Cristo con fe.

DIOS USA LOS CREYENTES PARA ALCANZAR AL PERDIDO

Dios escogió usar a los cristianos y las iglesias para alcanzar a los que no son salvos alrededor del mundo. Nuestras vidas e iglesias deben estar conformes a su voluntad si Él nos va a usar para redimir al mundo perdido en el pecado.

> Debemos aprender lo que Dios está haciendo junto a nosotros para unirnos a Él.

> Nuestras vidas e iglesias deben estar conformes a su voluntad si Él nos va a usar para redimir al mundo perdido en el pecado.

El Señor no nos puede usar si guardamos pecados en nuestras vidas. Los ministerios de la iglesia se afectan adversamente cuando se rompe el compañerismo o se comprometen los principios. No hay método que se sobreponga a la debilidad espiritual y el pecado en nuestras vidas o en la vida de nuestras iglesias. Sólo la gracia, el perdón, la restauración y poder de Dios pueden hacerlo.

EL ARREPENTIMIENTO: LA CLAVE QUE USA DIOS

El ciclo repetido del pecado, juicio, arrepentimiento, restauración y bendición en nuestras vidas sigue el patrón visto en Israel con frecuencia. Luego de pasar un tiempo experimentando el poder y la presencia de Dios, Israel a menudo se alejaba de Él, dejando de guardar los mandamientos, caminar en sus caminos y adorarle. El Señor advertía a su pueblo que se arrepintiera y volviera a Él, pero con frecuencia era en vano. Después de castigarlos, se arrepentían y volvían a Él, sólo para caer de nuevo y repetir el ciclo.

El arrepentimiento y la rededicación son el camino para tener frutos en el reino de Dios (2 Cro 7.14).

Los profetas proclamaron este mensaje familiar:

«¿Para qué me sirve, dice Jehová, la multitud de vuestros sacrificios? Hastiado estoy de holocaustos de carneros y de sebo de animales gordos; no quiero sangre de bueyes, ni de ovejas, ni de machos cabríos» (Is 1.11).

«Venid luego, dice Jehová, y estemos a cuenta: si vuestros pecados fueren como la grama, como la nieve serán emblanquecidos; si fueren rojos como el carmesí, vendrán a ser como blanca lana» (Is 1.18).

«Por tanto, yo os juzgaré a cada uno según sus caminos, oh casa de Israel, dice Jehová el Señor. Convertíos, y apartaos de todas vuestras transgresiones, y no os será la iniquidad causa de ruina» (Ez 18.30).

«¿Se agradará Jehová de millares de carneros, o de diez mil arroyos de aceite? ¿Daré mi primogénito por mi rebelión, el fruto de mis entrañas por el pecado de mi alma? Oh hombre, él te ha declarado lo que es bueno, y qué pide Jehová de ti: solamente hacer

justicia, y amar misericordia y humillarte ante tu Dios»
(Mi 6.7-8).

Juan habló del mismo tema:

«Recuerda, por tanto, de dónde has caído, y arrepiéntete, y haz las primeras obras; pues si no, vendré pronto a ti, y quitaré tu candelero de su lugar, si no te hubieres arrepentido» (Ap 2.5).

LOS PRINCIPIOS DEL REINO REQUIEREN OBEDIENCIA

Los principios del reino demandan que el pueblo de Dios, como individuo y como congregación, sean lo que Dios quiere que sean. Cuando Dios demanda que nuestras vidas sean santas y rendidas a Él, no acepta algo inferior. No se nos pide que seamos perfectos; pero sí ser dedicados, obedientes y separados para Él.

El Señor sabía que no somos perfectos. Por lo tanto, envió a su Hijo para hacer su voluntad perfecta. Jesús nos dio todo lo que necesitábamos para vivir en compañerismo con Dios y los demás. El Espíritu vive en nosotros dirigiéndonos para saber y hacer la voluntad de Dios para que tengamos compañerismo con Él.

Cuando confesamos nuestros pecados, recibimos perdón instantáneo y se no restaura a una sana relación con Dios. No tenemos excusas para vivir en desobediencia a Él, cuando nos da todo lo necesario.

DEBEMOS CAMINAR EN COMUNION CON EL SEÑOR

Tenemos todos los recursos que necesitamos para crecer espiritualmente, evangelizar al mundo, ministrar y discipular a los creyentes. Tenemos presente el poder de Dios a través del Espíritu Santo. Tenemos a Jesucristo como nuestro abogado, intercesor y Señor. Tenemos la promesa del Padre que nos guiará y dará el triunfo.

Dios nos usa para hacer grandes cosas cuando caminamos en comunión con Él. La falta de comunión con Dios nos impide usar estos recursos para cumplir con la Gran Comisión. Cuando nuestra comunión con el Señor no está en orden, nos falta su dirección y poder en nuestras vidas y en

> No se nos pide que seamos perfectos; pero sí ser dedicados, obedientes y separados para Él.

> El fracaso de muchas iglesias se deriva de una comunión rota con el Señor y con los demás.

los ministerios de nuestras iglesias.

La falta de crecimiento en muchas iglesias no es un misterio. Su fracaso se deriva de una comunión rota con el Señor y con los demás. Los métodos de crecimiento deben acompañar y estar en armonía con nuestra experiencia con Dios y nuestro compromiso de vivir y hacer lo que Él dice.

El crecimiento de la iglesia comienza con la práctica de los principios del reino. Tal vez usted se pregunte cómo pueden practicarse estos principios en su vida y en su iglesia. El siguiente diagrama y las explicaciones del principio de la iglesia lo guiarán a practicar esos principios de crecimiento.

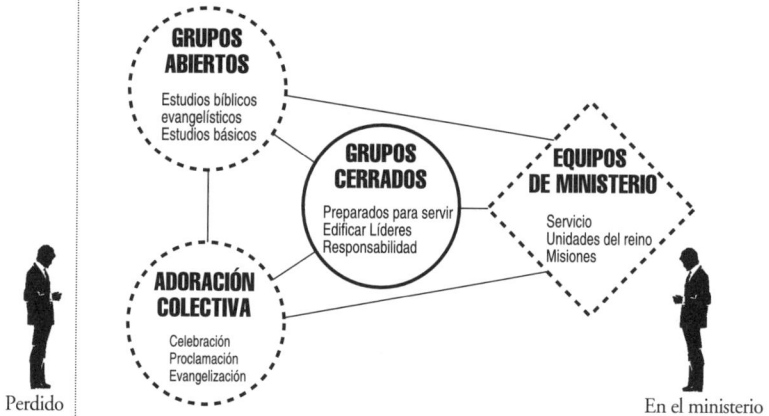

GRUPOS ABIERTOS
Estudios bíblicos evangelísticos
Estudios básicos

GRUPOS CERRADOS
Preparados para servir
Edificar Líderes
Responsabilidad

EQUIPOS DE MINISTERIO
Servicio
Unidades del reino
Misiones

ADORACIÓN COLECTIVA
Celebración
Proclamación
Evangelización

Perdido

En el ministerio

El dibujo presenta a una persona de pie, fuera de las cuatro figuras geométricas. Esta persona representa al perdido que el Señor quiere redimir. Puede o no tener interés religioso y su nombre puede estar en la lista de la iglesia. Debemos unirnos al Señor para buscar la redención de esa persona.

Puede ser que esta persona, perdida en el pecado y separada de Dios, sea su vecino, compañero de trabajo, o que tal vez viva en otra ciudad, estado o país. No sabe nada del amor, la gracia, el perdón de Dios ni de la vida eterna. No sabe nada de cómo Dios hace que las personas vuelvan a Él.

Objetivo central: Los que no tienen a Cristo

Esta persona es el centro de nuestra atención. Si no le mostramos interés, rechazamos la voluntad de Dios. Volverle nuestras espaldas sin ofrecerle una oportunidad para que sea salva es errar en la aplicación de los principios del reino.

Pudiera ser que con la ayuda del Espíritu Santo esa persona viniera a nosotros, pero por lo general no es así. Quizás sepa que algo anda mal, pero no sabe que está perdida ni qué hacer al respecto.

Aunque tenga alguna religión, interés en Dios o una moral alta, nunca alcanzará lo que sólo Dios puede dar. Alguien debe mostrarle las verdades del evangelio porque está muerto para Dios y sus cosas.

«Como está escrito: No hay justo, ni aun uno; no hay quien entienda. No hay quien busque a Dios. Todos se desviaron, a una se hicieron inútiles; no hay quien haga lo bueno, no hay si siquiera uno» (Ro 3.10-12).

DIOS BUSCA AL PERDIDO

El enfoque de la Gran Comisión es alcanzar a las personas perdidas con el mensaje de Cristo para que se arrepientan de sus pecados y sean salvas. Cristo busca al perdido de diversas formas, pero siempre se les debe presentar el evangelio (véase Ro 1.16; 10.14). Las iglesias y los creyentes deben encontrar cómo captar el interés de los perdidos y testificarles para llevarlas a Cristo.

LA PRACTICA DE LA IGLESIA

La práctica de la iglesia surge de la estrategia intencional que determina la iglesia y describe la metodología balanceada y las acciones esenciales que una iglesia utiliza para que las personas participen en la evangelización, el discipulado, el compañerismo, el ministerio y la adoración.

Examinar la práctica de la iglesia requiere que la misma se haga esta pregunta: «¿Qué intentamos ser, a dónde queremos ir, y cuál es la manera más eficiente de hacer nuestro trabajo para que haya un cambio en las vidas de las personas?"

Para muchas iglesias la estrategia no es intencional y con frecuencia ni siquiera tienen una estrategia. Son pocos los líderes en la iglesia que piensan en una estrategia intencional. La mayoría de las personas están tan ocupadas en el trabajo de la iglesia que pierden de vista el cuadro total. En el contexto de la iglesia local, la «estrategia» describe las intenciones claras y deliberadas de la iglesia, que al unirse como un todo, determina las decisiones acerca del trabajo con propósito que la iglesia abarca y cómo hacerlo. La

Alguien debe mostrarles las verdades del evangelio porque están muertos para Dios y sus cosas.

La práctica de la iglesia surge de la estrategia intencional que determina la iglesia.

estrategia comienza con la visión y valores de la iglesia e identifica la práctica que se requiere para que esta alcance sus objetivos en su ambiente distintivo. La visión es la imagen convincente de lo que se puede lograr en un futuro. La estrategia es el curso que la iglesia decide tomar; la práctica de la iglesia son los planes operativos para alcanzar la visión.

Si las estrategias y las prácticas desarrolladas en una iglesia son solo ideas y planes humanos, esta puede perder de vista su mayordomía del reino. Una iglesia también puede perder el poder, la presencia y frescura del Espíritu Santo para dirigir la iglesia de acuerdo con la voluntad de Dios y los ministerios que Él ha escogido para la misma. No hay nada erróneo en que la iglesia participe en estrategias y prácticas y ministerios. Sin embargo, puede ser o no la voluntad de Dios para una iglesia en particular en un tiempo en particular a no ser que la iglesia haya buscado y encontrado la voluntad de Dios en las empresas en las cuales desean participar. El Espíritu Santo es la guía de la iglesia, recursos y poder para hacer el trabajo que el Padre le da a la iglesia.

La estrategia y práctica adoptada por la iglesia se traduce en formas o estructuras, trabajo, liderazgo, participantes y recursos necesarios. Se convierte en el plan práctico de acción del ministerio de la iglesia. Las prácticas de la iglesia son dinámicas y flexibles, y reflejan el contexto, el estilo y tradiciones culturales distintivas de la iglesia.

> La prácticas de la iglesia son dinámicas y flexibles, y reflejan el contexto, el estilo y tradiciones culturales distintivas de la iglesia.

Mire de cerca el modelo del ministerio de Jesús bosquejado en Mateo 9. 35-38 y considere cómo estos métodos pudieran aplicarse en la iglesia. El ejemplo que el mismo Jesús enseñó y demostró sirve de instrucción a los líderes de la iglesia de hoy respecto a la necesidad de edificar un modelo de ministerio bíblicamente balanceado en la iglesia. Según este pasaje, Jesús inició por lo menos cuatro estrategias básicas para alcanzar su propósito.

«Recorría Jesús todas las ciudades y aldeas, enseñando en las sinagogas de ellos, y predicando el evangelio del reino, y sanando toda enfermedad y toda dolencia en el pueblo» (Mt 9.35).

La estrategia de la adoración colectiva existe para que los creyentes *celebren* la gracia y misericordia de Dios, *proclamen* la verdad de Dios y *evangelicen* al perdido en un ambiente

LA PRACTICA DE LA IGLESIA: UNIR LOS PRINCIPIOS DEL REINO

donde se encuentre la presencia, santidad y revelación del Dios Todopoderoso.

«Y al ver las multitudes, tuvo compasión de ellas; porque estaban desamparadas y dispersas como ovejas que no tienen pastor» (Mt 9.36).

La estrategia de grupo abierto existe para llevar las personas a la fe en el Señor Jesucristo y para edificar a los cristianos misioneros. Esto se logra involucrándolas en la evangelización, discipulado, ministerio, compañerismo y adoración *fundamental* mediante las unidades de *estudios bíblicos evangelísticos* continuos de creyentes juntos a inconversos en un ambiente de compasión para comunicar el evangelio.

Jesús inició por lo menos cuatro estrategias básicas para alcanzar su propósito:

- Grupos abiertos
- Adoración colectiva
- Grupos cerrados
- Equipos de ministerio

«Entonces dijo a sus discípulos: A la verdad la mies es mucha, mas los obreros pocos» (Mt 9.37).

La estrategia de grupo cerrado existe para e*dificar a los líderes del reino* y para *capacitar a los creyentes a servir* involucrándolos en un discipulado que los transforme espiritualmente mediante unidades de corto término y los haga autosuficientes en un ambiente de *responsabilidad* con Dios y de unos con otros.

«Rogad, pues, al Señor de la mies, que envíe obreros a su mies» (Mt 9.38).

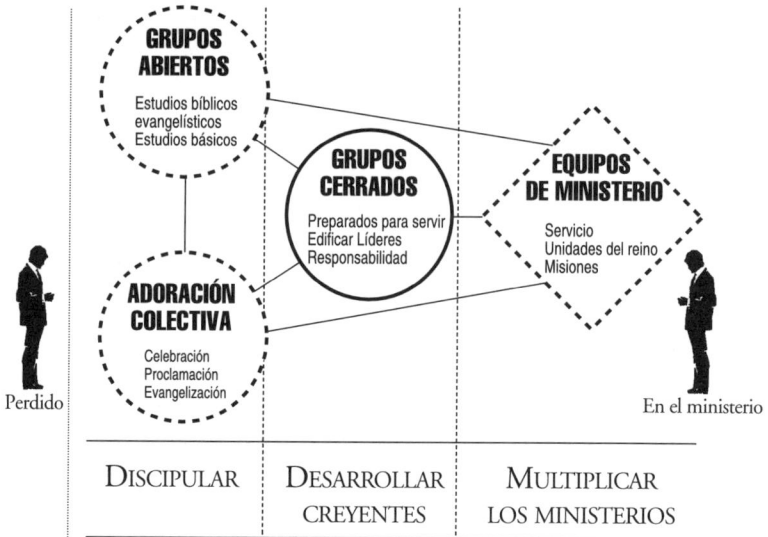

GRUPOS ABIERTOS
Estudios bíblicos evangelísticos
Estudios básicos

GRUPOS CERRADOS
Preparados para servir
Edificar Líderes
Responsabilidad

EQUIPOS DE MINISTERIO
Servicio
Unidades del reino
Misiones

ADORACIÓN COLECTIVA
Celebración
Proclamación
Evangelización

Perdido

En el ministerio

DISCIPULAR	DESARROLLAR CREYENTES	MULTIPLICAR LOS MINISTERIOS

La práctica de la iglesia eficaz abarca tres etapas: Discipular, desarrollar creyentes y multiplicar los ministerios.

La estrategia de un ministerio de equipo existe para edificar el cuerpo de Cristo y realizar el *servicio* dentro de la iglesia e involucrarlos en *misiones* fuera de la misma mediante *unidades del reino* nuevas o existentes en un ambiente de oración y urgencia por las personas necesitadas del amor de Dios.

La práctica de la iglesia eficaz abarca tres etapas: Discipular, desarrollar creyentes y multiplicar los ministerios y por lo menos emplea cuatro métodos básicos para llevar a cabo el trabajo de la iglesia:

1. Grupos abiertos
2. Adoración colectiva
3. Grupos cerrados
4. Equipos de ministerio

DISCIPULAR: **Los grupos abiertos y la adoración colectiva** son las estrategias fundamentales que sirven para que los inconversos entren a la iglesia. Esta metodología representa hacer discípulos e incorporarlos al único cuerpo de Cristo. En el diagrama, los círculos de líneas de puntos indican que esos métodos son puertas de entrada.

DESARROLLAR CREYENTES: **Los grupos cerrados** representan la etapa del desarrollo del creyente que continúa e intensifica el proceso de incorporación de los nuevos creyentes y miembros. El círculo sólido en el diagrama indica el concepto cerrado.

LA PRACTICA DE LA IGLESIA: UNIR LOS PRINCIPIOS DEL REINO

MULTIPLICAR LOS MINISTERIOS: **Los equipos de ministerios** representan la etapa de multiplicación que le brinda a los miembros las oportunidades de servir y misionar y de comenzar unidades del reino. Esta etapa también sirve como una puerta de entrada a la iglesia para los inconversos a medida que los creyentes ministran a las necesidades de ellos.

El rombo en el diagrama también se encuentra con líneas de puntos para indicar un punto de entrada. El ángulo izquierdo del rombo señala hacia adentro indicando el servicio en la iglesia y el ángulo derecho señala hacia afuera indicando misiones fuera de la iglesia.

Las tres etapas de la práctica de la iglesia: Discipular, Desarrollar creyentes y Multiplicar los ministerios, también se pueden ver como tres etapas amplias en el proceso de transformación espiritual que necesita realizarse en la vida del discípulo.

Convertirse en discípulo:
- Participar en el estudio de la Biblia como el paso fundamental para el discipulado
- Experimentar compañerismo con otros creyentes
- Comenzar la incorporación dentro de la iglesia

Desarrollarse como creyente:
- Aprender a ser líder
- Recibir preparación y prepararse para el ministerio
- Desarrollar responsabilidades e incorporación continua

Multiplicar los ministerios:
- Participar en ministerios mediante el servicio en la iglesia
- Participar en ministerios mediante misiones fuera de la iglesia
- Multiplicarse en y a través de otros

Para guiar a los cristianos mediante las tres etapas de discipulado, las iglesias pudieran proveer desarrollo de ministerio con este modelo:

1. Los nuevos cristianos aprenden lo básico de seguir a Cristo y de involucrarse en el ministerio.

2. Los creyentes observan a otros creyentes ministrando.

3. Los creyentes primero ministran bajo la dirección y supervisión de un creyente maduro.

Un modelo de iglesia es diferente a cualquier modelo secular. La iglesia, el pueblo de Dios, está fundada sobre una relación de pacto con Dios.

4. Los creyentes ministran independientemente y se multiplican en otros y a través de otros.

Un modelo de iglesia es diferente a cualquier modelo secular. La iglesia, el pueblo de Dios, está fundada sobre una relación de pacto con Dios. Una relación de pacto sugiere una promesa fiel o un voto obligatorio sellado. El perdón de Dios es central en el pacto. La respuesta de las personas al pacto surge de un corazón transformado. «Pero este es el pacto que haré con la casa de Israel después de aquellos días, dice Jehová: Daré mi ley en su mente, y la escribiré en su corazón; y yo seré a ellos por Dios, y ellos me serán por pueblo» (Jer 31.33). Jesús cumplió la promesa de Dios, creando un pueblo para él. Las expectativas de Dios para su pueblo de justicia, santidad, adoración y servicio están entrelazadas en esta relación de pacto.

El escritor de Hebreos señala a Cristo como el mediador del nuevo pacto.

«¿Cuánto más la sangre de Cristo, el cual mediante el Espíritu eterno se ofreció a sí mismo sin mancha a Dios, limpiará vuestras conciencias de obras muertas para que sirváis al Dios vivo? Así que, por eso es mediador de un nuevo pacto, para que interviniendo muerte para la remisión de las transgresiones que había bajo el primer pacto, los llamados reciban la promesa de la herencia eterna» (He 9.14-15).

Pablo enseñó a la iglesia en Corinto acerca de su función básica:

«El cual asimismo nos hizo ministros competentes de un nuevo pacto» (2 Co 3.6).

6

LA PRÁCTICA DE LA IGLESIA: DISCIPULAR, DESARROLLAR Y MULTIPLICAR

En el capítulo 5 presentamos un vistazo general al proceso de crecimiento de la iglesia. Vimos cómo aplicar los principios de crecimiento de Dios a la práctica de la iglesia para lograr nuestra meta de alcanzar al perdido fuera de las cuatro figuras geométricas. En este capítulo ampliaremos nuestra presentación, definiendo más detalladamente estas tres etapas de crecimiento: Discipular, desarrollar y multiplicar.

Nuestra concentración central sigue siendo la persona sin Cristo. Nuestra guía es la estrategia intencional que determina la iglesia. El modelo para la práctica de la iglesia brinda la evidencia física de nuestro enfoque, la estrategia y además destaca los principios del reino para el crecimiento.

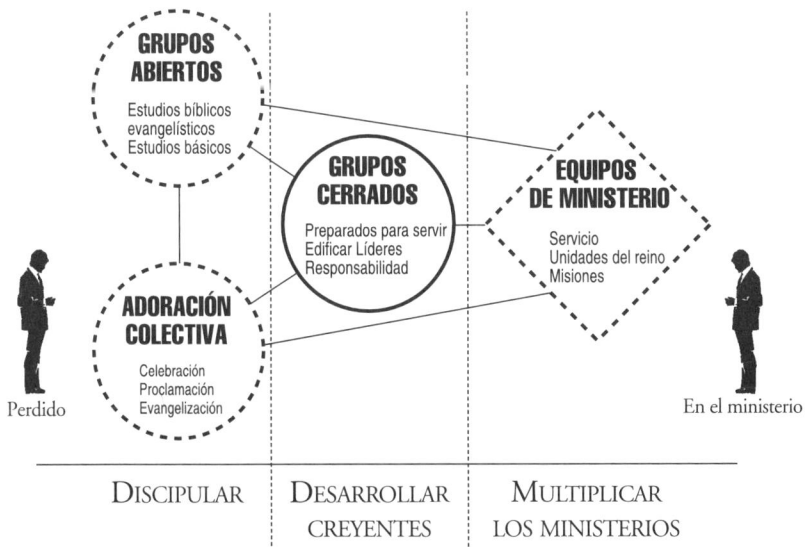

GRUPOS ABIERTOS
Estudios bíblicos evangelísticos
Estudios básicos

GRUPOS CERRADOS
Preparados para servir
Edificar Líderes
Responsabilidad

EQUIPOS DE MINISTERIO
Servicio
Unidades del reino
Misiones

ADORACIÓN COLECTIVA
Celebración
Proclamación
Evangelización

Perdido

En el ministerio

DISCIPULAR	DESARROLLAR CREYENTES	MULTIPLICAR LOS MINISTERIOS

GRUPOS ABIERTOS

Estudios bíblicos evangelísticos
Estudios básicos

El grupo abierto es una estrategia fundamental que sirve de entrada a la iglesia para los inconversos.

Un grupo abierto debe definirse por su propósito, naturaleza, función y participantes en vez de por sus recursos, nombre, tiempo de duración o localidad.

ESTUDIO BIBLICO DE GRUPO ABIERTO: UNA ESTRATEGIA ESENCIAL

Una estrategia de grupo abierto existe para dirigir a las personas a la fe en el Señor Cristo Jesús y para edificar cristianos con una misión involucrándolos en el evangelismo *fundamental*, discipulado, compañerismo ministerio, y adoración por medio del *estudio bíblico evangelístico* continuo en un ambiente de compasión para comunicar el evangelio.

El grupo abierto es una estrategia fundamental que sirve como una entrada a la iglesia para los inconversos. Esta metodología representa la etapa de «comienzo» del proceso de incorporación de los nuevos creyentes y miembros. El círculo de puntos en el diagrama visual (página 101) presenta esta metodología como un punto de entrada.

Un grupo abierto es principalmente un grupo de estudio bíblico evangelístico o un programa compuesto de una mezcla de ambos: creyentes e inconversos. El enfoque es evangelístico, el contexto es estudiar la Biblia y la intención es comenzar la incorporación. Es también un gran ambiente para edificar relaciones y estímulo. Los participantes pueden entrar al grupo en cualquier punto. No se requiere conocer el contenido que se está estudiando para entrar.

Un grupo abierto también hace énfasis en enviar personas a misiones fuera de la iglesia y multiplicar líderes de nuevos grupos que sirvan en la iglesia.

Un grupo abierto se debe definir de acuerdo al propósito, naturaleza, función y participantes y no según sus recursos, nombre, tiempo de duración o local. «Abierto» significa invitar tanto a creyentes como a inconversos a participar en una clase de estudio bíblico, departamento, grupo de estudio, grupo pequeño, célula o programa que cada vez que se reúna tenga un propósito intencionalmente evangelístico. Un grupo abierto es un punto del vínculo eterno donde el perdido del mundo se pone en contacto con los salvados del mundo para que el Salvador del mundo pueda avanzar Su reino trayendo personas a la salvación. Los grupos abiertos son conductores de la empresa del evangelio, recibiendo, incorporando, multiplicando, brindando una base de discipulado y luego enviándolos.

Un grupo de estudio bíblico evangelístico es un grupo intencionalmente formado alrededor del estudio de la Palabra de Dios. Esto es diferente a un grupo que se reúne para tener apoyo, compañerismo, preparar líderes o desarrollar habilidades que con frecuencia requieren conocimiento del contenido que se estudia. Son grupos abiertos los grupos de estudio bíblico que se crean especialmente para alcanzar a los perdidos. Grupos cerrados son los grupos de estudio bíblico que se crean principalmente para llevar a la persona salva hacia la madurez espiritual y la transformación.

La Escuela Dominical, como una expresión de este concepto de grupo abierto, se recomienda como la mejor organización probada para involucrar a las familias y personas en la obra evangelística de la iglesia. El tiempo ha probado la Escuela Dominical y esta ha sobrevivido las presiones culturales y sociales del mundo.

PRINCIPIOS TRANSFERIBLES DE GRUPOS ABIERTOS

El concepto de grupo abierto ayuda a la iglesia a hacer el trabajo de la Gran Comisión: Movilizar, incorporar, enseñar a los creyentes para que lleguen a ser discípulos de Cristo.

Si un grupo abierto debe cumplir su objetivo, los líderes de la iglesia deben proponer y comunicar el objetivo de una manera clara y apremiante. Los siguientes cinco principios transferibles llevan a cabo el concepto de grupo abierto y representan las prioridades a las que se dirigen. Serán valiosos como los mensajes principales que guían la eficacia de un grupo abierto. Debido a que estos principios son transferibles y cruzan culturas, pueden y deben aplicarse eficazmente sin considerar la forma o estructura que la iglesia seleccione y son utiles tanto para comenzar iglesias como para las iglesias ya establecidas.

El principio de evangelismo fundamental: Un grupo abierto continuo es la estrategia fundamental de evangelización de la iglesia.

Los grupos continuos y abiertos de estudio bíblico que reproducen nuevos grupos ofrecen el mejor método a largo alcance para edificar un ambiente de ministerio que guíe a los preescolares y niños hacia la conversión mediante la enseñanza fundamental. También son buenos para animar a los inconversos a venir a la fe en Cristo, incorporar a los nuevos creyentes en la vida de la iglesia y animarlos a dirigir a otros a Cristo.

La Escuela Dominical, como una expresión de este concepto de grupo abierto, se recomienda como la mejor organización probada para involucrar a las familias y personas en la obra evangelística de la iglesia.

103

Principios del Reino para el Crecimiento de la Iglesia

Los grupos abiertos ofrecen el sistema más eficiente para preparar a la iglesia en el evangelismo haciendo que los miembros lleguen a ser apasionados ganadores de almas.

Los grupos abiertos que se llevan a cabo mediante grupos de corto término y actividades especiales de enseñanza bíblica son maneras eficientes de promover el alcance y la evangelización y son útiles para tratar inquietudes específicas de la vida, asuntos espirituales, funciones de la iglesia y temas doctrinales. Estos grupos crean un gran centro para el poder misionero como también hacen que las personas cuenten y vivan la maravillosa historia del amor redentor de Cristo.

El principio de discipulado fundamental: Conocer a Dios por medio de Jesús es el primer paso del discipulado. Un grupo abierto es un proceso de siete días a la semana, y el estudio bíblico es un paso fundamental de discipulado para involucrar a las personas a buscar el reino de Dios y cumplir con la Gran Comisión.

Los grupos abiertos brindan el marco principal de la organización para involucrar a las familias y personas en el trabajo total de la iglesia incluyendo la evangelización, el discipulado, el compañerismo, el ministerio y la adoración.

Estos grupos ofrecen el discipulado fundamental y animan a los miembros a fortalecer su andar cristiano al participar en otras oportunidades de discipulado.

Los grupos abiertos destacan que cada miembro que sea creyente debe cumplir con la responsabilidad que Dios le ha dado como ministro y misionero en el mundo. Los grupos abiertos apoyan todos los ministerios de la iglesia e intencionalmente animan a sus participantes a ser buenos mayordomos, completamente involucrados en la misión total de la iglesia.

El principio de responsabilidad familiar: El grupo abierto afirma el hogar como el centro de dirección bíblico.

Los grupos abiertos ayudan a preparar a los padres cristianos, incluyendo a los padres o madres solas, para cumplir su responsabilidad como maestros bíblicos y discipuladores principales de sus hijos. Motiva a los padres cristianos, ya sea por palabra o por hecho, a guiar a sus hijos a incorporar las Escrituras en sus vidas para que esta influya en su manera de pensar y actuar.

Los grupos abiertos ofrecen el sistema más eficiente para preparar a la iglesia en el evangelismo haciendo que los miembros lleguen a ser ganadores de almas apasionados.

El estudio bíblico es un paso fundamental de discipulado para involucrar a las personas a buscar el reino de Dios y cumplir con la Gran Comisión.

Los grupos abiertos ayudan a preparar a los padres cristianos, incluyendo a los padres o madres solas, para cumplir su responsabilidad como maestros bíblicos y discipuladores principales de sus hijos.

Los grupos abiertos incluyen a las familias en el trabajo total de la iglesia. Su trabajo es cultivar familias firmes y saludables y tratar de dirigir a Cristo a los padres no cristianos.

El principio de transformación espiritual: El grupo abierto involucra a los alumnos en el modelo bíblico de instrucción que comienza llevando a las personas hacia una transformación espiritual.

Los grupos abiertos afirman que la transformación espiritual es la obra de Dios cambiando a un creyente para hacerlo semejante a Jesús, creando una nueva identidad en Cristo e invistiéndolo de poder para que durante toda la vida tenga una relación de amor, confianza y obediencia que glorifique a Dios.

Los grupos abiertos defienden la verdad absoluta y autoridad de la Palabra de Dios y precisan a los creyentes a integrar el punto de vista bíblico en sus mentes, corazones y vidas mediante el estudio bíblico sistemático y continuo.

Los grupos abiertos reconocen que el estudio de la Biblia es más eficiente cuando ocurre en el contexto de la vida total del alumno, especialmente en sus relaciones familiares y cuando considera las necesidades especiales, perspectiva de la generación, edad y características de la etapa de la vida y estilos de aprendizaje del alumno. Estos grupos tratan asuntos transculturales de la vida comunes a las personas, iglesias, familias, tribus y naciones sin considerar la identidad geográfica, étnica y de idioma.

El principio de liderazgo bíblico: El grupo abierto llama a los líderes a seguir las normas bíblicas del liderazgo.

Los grupos abiertos afirman al pastor como el líder principal en el ministerio para edificar cristianos en sus misiones. Los grupos abiertos llaman a los líderes al ministerio profético, escuchando la voz de Dios, descubriendo su mensaje, integrando el mensaje en sus vidas y proclamando su verdad mediante la iglesia a las naciones.

Los grupos abiertos reconocen que el líder es la lección y que cada líder es responsable de ser un ejemplo auténtico del cristianismo en la vida personal y además producen nuevos líderes para el servicio a través de los ministerios de la iglesia. Los grupos abiertos reconocen que el planeamiento es esencial para llevar a cabo su estrategia.

> La transformación espiritual es la obra de Dios cambiando a un creyente para hacerlo semejante a Jesús.

LAS ESTRUCTURAS BASICAS PARA LOS GRUPOS ABIERTOS

La iglesia, por lo menos, puede implementar dos clases específicas de grupos de estudios bíblicos evangelísticos: Grupos de estudios bíblicos continuos y grupos de estudio bíblico de corto término.

A medida que la iglesia establece sus metas y define sus propósitos, puede elegir usar una combinación de ambos grupos. Los grupos de estudio bíblico continuo se pudieran comparar al sistema de carreteras interestatal; son los mejores para ayudar a la iglesia a lograr sus metas de largo alcance. Ofrecen la estructura fundamental del ministerio de la iglesia. Los grupos de estudio bíblico a corto plazo se ven como un sistema de carretera local; dan flexibilidad a la iglesia y facilitan el acceso a la «carretera interestatal» del estudio bíblico continuo.

Grupos continuos de estudio bíblico abiertos: Los grupos de estudio bíblico continuos no tienen una fecha específica para terminar y se concentran en alcanzar al perdido, edificar relaciones y promover el crecimiento espiritual con la meta de comenzar nuevos grupos de estudio bíblico y desarrollar líderes para esos grupos.

Grupos o actividades de estudios bíblicos abiertos de corto plazo: Los grupos de estudio bíblico a corto plazo se comienzan con una fecha específica para terminar y se concentran en alcanzar a los perdidos, edificar relaciones y promover el crecimiento espiritual con la meta de transferir los participantes a un grupo continuo de estudio bíblico. Con frecuencia estos grupos se reúnen en un ambiente más informal y se puede crear un ambiente más íntimo que a veces apela a los inconversos que por lo general no asisten a un grupo «en la iglesia». Algunos ejemplos de esto son: la Escuela Bíblica de Vacaciones; las E.B.V. en las misiones; estudios bíblicos evangelísticos durante la semana en una empresa o trabajo, en los edificios de apartamentos, casas de retirados, asilos de ancianos, la cárcel; y los clubes bíblicos de igual acceso en las escuelas públicas.

Aunque un grupo abierto tiene mucho que ofrecer, esto es solo el punto de partida en un viaje de fe. Solo se refiere al punto

Aunque un grupo abierto tiene mucho que ofrecer, esto es solo el punto de partida en un viaje de fe.

de partida en el proceso de la transformación espiritual. Como agente de la transformación espiritual, la iglesia debe animar a las personas a continuar su viaje en los grupos cerrados. Ver los grupos abiertos y los grupos cerrados como métodos colaboradores asegurará una práctica más balanceada en la iglesia.

ADORACION COLECTIVA: UNA ESTRATEGIA ESENCIAL

La adoración que transforma es la respuesta de los creyentes a la presencia, santidad y revelación del Dios Todopoderoso. Necesitamos reconocer que la adoración es una parte esencial del ministerio evangelístico y discipulador de la iglesia. Los cultos de adoración deben diseñarse para creyentes y para las personas que tratamos de alcanzar para Cristo.

Durante siglos, la adoración y los grupos pequeños de estudios bíblicos han probado ser eficaces para alcanzar a los perdidos. La adoración y el estudio bíblico son dos lugares donde los creyentes e inconversos se pueden mezclar con facilidad. Las iglesias deben tener una estrategia de adoración y estudio bíblico que incluya miembros e inconversos. La adoración es una estrategia fundamental que sirve como un punto de entrada a la iglesia para los inconversos. Esta metodología representa la etapa de hacer discípulos en el proceso de incorporación para nuevos creyentes y miembros.

La intención de la adoración: La forma de adorar no es tan importante como el propósito de la adoración. Durante la adoración tenemos un encuentro personal con Dios y somos transformados por su presencia en nuestras vidas.

Las culturas y las personas son diferentes. Los estilos de adoración también difieren. Algunas personas adoran quietamente, mientras que otras lo alaban levantando sus voces. Algunas iglesias usan himnarios; otras cantan de memoria o usan hojas de coros. Algunas personas levantan las manos en adoración, otras se arrodillan con las cabezas bajas y los ojos cerrados. La manera de adorar expresa cómo nos sentimos y cómo expresamos esos sentimientos a Dios. *Adorar* es mucho más importante que *cómo* lo hacemos.

Satisfacer las necesidades espirituales y emocionales de cada uno debe ser la intensión de cada culto de adoración. Dios es el

ADORACIÓN COLECTIVA

Celebración
Proclamación
Evangelización

Necesitamos reconocer que la adoración es una parte esencial del ministerio evangelístico y discipulador de la iglesia.

objeto y sujeto de la adoración, pero es necesario ministrar a las personas en los cultos de adoración.

Repase los ocho elementos de la adoración presentados en las páginas 59-66.

La importancia de la adoración. Es imposible exagerar la importancia de la adoración. Para evangelizar al perdido se debe declarar el evangelio en adoración. Los creyentes necesitan oír el evangelio para fortalecer su fe y sentir motivación para presentar el amor de Cristo a todas las personas.

La adoración implica ministrar. Adorar es ministrar al Señor y a los participantes en los cultos de adoración. La Biblia describe la adoración como un servicio al Señor. Pablo llamó nuestro «culto racional» al sacrificio de nuestros cuerpos y vidas al Señor.

«Así que, hermanos, os ruego por las misericordias de Dios, que presentéis vuestros cuerpos en sacrificio vivo, santo, agradable a Dios, que es vuestro culto racional. No os conforméis a este siglo, sino transformaos por medio de la renovación de vuestro entendimiento, para que comprobéis cuál sea la buena voluntad de Dios, agradable y perfecta» (Ro 12.1-2).

La adoración está unida por el compañerismo. El compañerismo une a los creyentes con el Señor y entre sí. Es la expresión de amor entre los creyentes y entre estos y Dios. Es un testimonio del poder de Dios para salvar y derrumbar las barreras entre las personas. El compañerismo nunca es más rico que cuando el cuerpo de Cristo se reúne y los creyentes ven a los hermanos y hermanas en Cristo cantando, orando, alabando a Dios y escuchando su palabra.

La cercanía física de las personas reunidas en un culto de adoración añade un sentido de apoyo, gozo y seguridad. Durante la semana los creyentes se reúnen y en amor adoran a Dios y disfrutan del compañerismo.

El culto de adoración debe diseñarse para satisfacer las necesidades de compañerismo de la iglesia. No importa cómo se saludan los adoradores en la iglesia: Dándose la mano, diciéndose palabras de saludo o abrazándose, debe darse tiempo para que cada persona alcance a otra en amor. En la familia de Dios el compañerismo crea el espíritu de familia. Sin este espíritu «la familia» solo será un grupo reunido.

> El compañerismo es un testimonio del poder de Dios para salvar y derrumbar las barreras entre las personas.

La adoración que transforma requiere una respuesta de los presentes. Ya sea que esta respuesta se diga a otros presentes o que sea una respuesta privada del corazón, la adoración debe cambiar la manera de vivir. Cuando hay inconversos presentes, Dios busca atraerlos a Él a medida que estos observan a los creyentes participando en la adoración.

IMPLICACIONES DEL LIDERAZGO

Los líderes responsables de la adoración congregacional deben comprender y comunicar que Dios ha diseñado los elementos de la adoración como un medio para que el pueblo de Dios lo conozca y experimente una transformación espiritual.

Al ser la «reunión» más grande de la iglesia, la adoración congregacional hace un impacto único en la vida del cuerpo de la misma. Dios transforma su pueblo a través de esta reunión.

La adoración congregacional es un suceso esencial en la vida de la iglesia y se le debe dar prioridad de tiempo, energía y oración. El líder tiene la responsabilidad principal de ayudar a la congregación a enfocar a Dios, el cual crea la unidad necesaria para la salud y el crecimiento de la iglesia. La adoración incluye llevar a las personas a celebrar el avance del Reino de Dios y el compromiso de ir al mundo para cumplir la Gran Comisión.

Como líder de la iglesia, el pastor es el líder principal de la adoración. Debe asumir la responsabilidad de brindar el ambiente que facilite la transformación espiritual en las vidas de los creyentes. Debe involucrar a otros en el planeamiento y dirección del culto. Los líderes de la adoración, que deben estar espiritualmente transformados, son quienes deben dirigir la adoración, comprender su función y tener un enfoque del crecimiento del reino.

La adoración debe planearse, y el proceso de planeamiento incluye comprender la congregación. La adoración que transforma se planea con el enfoque en Dios. El planeamiento comienza preguntándose «¿Por qué?» en relación con cada elemento de la experiencia de adoración. El planeamiento incluye el esfuerzo intencional para balancear e integrar los elementos de la adoración. Cualquiera que sea la forma o métodos que se usen en la adoración bíblica, Dios será honrado y el pueblo será transformado.

Las oportunidades para dar a conocer lo que sucederá durante el culto de adoración se deben considerar como momentos de

Los líderes responsables de la adoración congregacional deben comprender y comunicar que Dios ha diseñado los elementos de la adoración como un medio para que el pueblo de Dios lo conozca y experimente una transformación espiritual.

Como líder de la iglesia, el pastor es el líder principal de la adoración.

La adoración debe planearse con un esfuerzo intencional para balancear e integrar los elementos de la adoración.

GRUPOS CERRADOS

Preparados para servir
Edificar Líderes
Responsabilidad

Los grupos cerrados representan la etapa de la madurez que continúa e intensifica el proceso de incorporación de los nuevos creyentes y miembros.

El discipulado es una experiencia de obediencia a Cristo que dura toda la vida, que transforma los valores y la conducta de una persona, y resulta en un ministerio en su hogar, la iglesia y el mundo.

enseñanza, y no como tan solo un anuncio. («Ahora entregaremos nuestros diezmos y ofrendas a Dios como una respuesta obediente de mayordomía, gratitud y confianza», en lugar de decir: «Ahora, recibiremos las ofrendas».)

GRUPOS CERRADOS: UNA ESTRATEGIA ESENCIAL

La estrategia de grupo cerrado existe para *edificar a los líderes* del reino y *para que los creyentes se capaciten* para servir involucrándolos en el discipulado que los guíe hacia la transformación espiritual mediante unidades de preparación de corto término y autónomo en un ambiente de *responsabilidad* hacia Dios y hacia unos y otros.

Los grupos cerrados representan la etapa de la madurez que continúa e intensifica el proceso de incorporación de los nuevos creyentes y miembros. El círculo en el diagrama visual (página 101) es sólido para indicar este concepto de «grupos cerrados».

Un grupo cerrado es principalmente un grupo capacitador o una actividad formada solo de creyentes; el enfoque es la capacitación, el contexto es discipular y el intento es continuar la incorporación.

Un grupo cerrado se compone de creyentes que acuerdan reunirse durante un corto período con el propósito de prepararse para cumplir con los objetivos de la iglesia.

La amenaza más grande de la iglesia actual es la pérdida de los ministerios de discipulado y edificadores donde los cristianos espiritualmente transformados y maduros se multiplican en otras personas. La pérdida de ministerios discipuladores y edificadores en nuestras iglesias puede destacarse de esta manera: «Si hoy usted lleva a su vecino a los pies de Cristo, ¿quisiera usted que en tres años esa persona fuera como el cristiano promedio?» La Gran Comisión recalca la evangelización y el discipulado. La evangelización es el primero; el discipulado alimenta la evangelización.

Si la evangelización, que es el proceso de llevar el evangelio a las personas perdidas y ganarlas para Cristo, capacitándolos a entrar en el reino de Dios, es el enfoque de un grupo abierto, entonces, ¿qué es el discipulado y cómo se involucra la iglesia en el mismo mediante grupos cerrados?

El discipulado es una experiencia de obediencia a Cristo que dura toda la vida, que transforma los valores y la conducta de una persona, y resulta en un ministerio en su hogar, la iglesia y el mundo.

Discipular es el proceso de enseñar a los nuevos ciudadanos del reino de Dios a amar, confiar y obedecer a Dios Rey y cómo ganar y preparar a otros para que hagan lo mismo.

Los grupos cerrados funcionan dentro del marco de la estrategia total de la iglesia. Jesús se rodeó con un grupo cerrado de doce hombres. Él fue el Maestro; ellos eran sus discípulos. Los doce apóstoles permanecieron en un grupo cerrado durante tres años antes de dispersarse para multiplicar a los seguidores del Camino. El grupo era cerrado, pero la causa, un movimiento más grande, era abierta a otros.

Los grupos cerrados tienen un propósito específico. Durante tres años Jesús viajó, ministró y enseñó en presencia de los apóstoles. Ellos vivieron cada día con un propósito. Estaban preparándose para ser seguidores de Cristo, para ser líderes en su iglesia y para ministrar en su nombre. Y los apóstoles prometieron seguir a Jesús para aprender lo que significaba y cómo llevarse a cabo.

Los grupos cerrados son cerrados durante un tiempo. Con frecuencia, se requiere que el grupo conozca el material que se está estudiando. Los participantes no pueden entrar al grupo en cualquier momento. Los discípulos estuvieron juntos durante los tres años de la vida de Jesús en la tierra. Cuando Jesús regresó para estar con su Padre Celestial, los discípulos se dispersaron para llevar a cabo la agenda del reino. El grupo no permaneció cerrado, en su lugar se multiplicó muchas veces según se dispersaron para llevar el evangelio a otros. La misión de Cristo se cumplió porque los discípulos no permanecieron en un grupo cerrado.

PRINCIPIOS TRANSFERIBLES PARA LOS GRUPOS CERRADOS

El principio de la relación. La transformación se produce en el área de las relaciones. Nuestra relación con Jesús es una relación fundamental que ejerce su influencia sobre las demás relaciones en la vida. Todas las relaciones comienzan y se basan en una relación íntima con Jesús. Además, el discipulado transformador se expresa en otras relaciones incluyendo el matrimonio, la familia, las amistades, la iglesia, el trabajo, los conocidos, la comunidad y la sociedad. La iglesia busca maneras de desarrollar y animar tales relaciones. «Jesús le dijo: Amarás al Señor tu Dios con todo tu corazón, y con toda tu alma, y con toda tu mente. Este el primero y grande mandamiento. Y el segundo es semejante: Amarás a tu prójimo como a ti mismo. De estos dos mandamientos depende toda la ley y los profetas» (Mt 22.37-40).

El principio del seguimiento. Jesús llama a cada creyente para que lo sigan. La iglesia ofrece un ambiente de sensibilidad espiritual que anima a los creyentes a responder al llamado de Jesús para seguirlo, los desafía a cumplir con el llamado en el cuerpo de Cristo y desarrolla sus habilidades para servir. Jesús glorificó al Padre al cumplir su llamado. «Yo te he glorificado en la tierra; he acabo la obra que me diste que hiciese» (Jn 17.4).

El principio de ser investidos de poder. Los creyentes necesitan ser investidos de poder para servir. A través de su ministerio Jesús invistió, preparó, discipuló, capacitó, edificó, y desarrolló a sus discípulos para servir. El Espíritu Santo le da poder a la iglesia para desarrollar líderes siervos que dependan de su poder. Los creyentes usan sus dones espirituales para preparar a otros. Por ejemplo, aquellos que no tienen el don de la misericordia siguen siendo llamados para tener misericordia. ¡El que tiene el don es el que está mejor preparado para enseñar y prepararlos a ellos! «Y él mismo constituyó a unos, apóstoles; a otros, profetas; a otros, evangelistas; a otros, pastores y maestros, a fin de perfeccionar a los santos para la obra del ministerio, para la edificación del cuerpo de Cristo, hasta que todos lleguemos a la unidad de la fe y del conocimiento del Hijo de Dios, a un varón perfecto, a la medida de la estatura de la plenitud de Cristo; para que ya no seamos niños fluctuantes, llevados por doquiera de todo viento de doctrina, por estratagema de hombres que para engañar emplean con astucia las artimañas del error, sino que siguiendo la verdad en amor, crezcamos en todo en aquel que es la cabeza, esto es, Cristo, de quien todo el cuerpo, bien concertado y unido entre sí por todas las coyunturas que se ayudan mutuamente, según la actividad propia de cada miembro, recibe su crecimiento para ir edificándose en amor» (Ef 4.11-16).

La transformación espiritual es única para cada persona que tenga una relación personal con Jesús.

El principio de la flexibilidad. Hay personas que necesitan maneras flexibles y adaptables para experimentar la transformación espiritual. La transformación espiritual es única para que cada persona tenga una relación personal con Jesús. La iglesia se asegura de que sus organizaciones, estructuras, procesos, procedimientos y sistemas faciliten la obra del Espíritu Santo para la transformación espiritual. Esto incluye métodos y mensajes apropiados para las personas de todos los estilos de aprendizaje, clases de personalidades, géneros, edades, clases de familias y situaciones, diferencias culturales, condiciones económicas y trasfondo cultural. Los evangelios mencionan varios métodos que Jesús usó para discipular a un pueblo diverso.

El principio del estilo de vida. Los creyentes transformados expresan con naturalidad los ejemplos y enseñanzas bíblicas en la vida diaria. Jesús nos dio el ejemplo supremo que debemos seguir en sus pasos (1 Pe 2.21). La mayor parte de las Escrituras relata la historia de personas diversas, ordinarias y comunes que demostraron tener una vida transformada por Dios. Los discípulos transformados expresan cómodamente lo que Dios está haciendo en sus vidas, familias y en el mundo. Dios usa ejemplos bíblicos, históricos y contemporáneos para enseñarnos a experimentarlo.

Así que, las iglesias animan a los creyentes a contar con naturalidad sus historias espirituales a la familia, amistades y otros. Cada creyente, no importa su edad o tiempo de ser cristiano, es un tesoro único de Dios con una historia que contar. «Y estas palabras que yo te mando hoy, estarán sobre tu corazón; y las repetirás a tus hijos, y hablarás de ellas estando en tu casa, y andando por el camino, y al acostarte, y cuando te levantes» (Dt 6.6-7).

El principio de rendir cuentas. Cada creyente es responsable delante de Dios. La iglesia enseña a los creyentes a obedecer todas las cosas que Jesús nos mandó (Mt 28.20). «De manera que cada uno de nosotros dará a Dios cuenta de sí» (Ro 14.12). La medida del discipulado es el grado en el cual cada creyente es semejante a Jesús en actitudes, conducta y relaciones. Aunque los creyentes deben dar cuenta a Dios, Dios usa los cónyuges, demás miembros de la familia, miembros de la iglesia, amigos y otros para mantenernos consciente de nuestra responsabilidad con Dios.

Los discípulos transformados expresan cómodamente lo que Dios está haciendo en sus vidas, familias y en el mundo.

«Amarás al Señor tu Dios con todo tu corazón, y con toda tu alma, y con todas tus fuerzas, y con toda tu mente; y a tu prójimo como a ti mismo» (Lc 10.27).

Las estructuras para los grupos cerrados en la iglesia incluyen, en especial, varios programas y actividades de corto término para preparar a los miembros de la iglesia.

ESTRUCTURAS BASICAS PARA LOS GRUPOS CERRADOS

La iglesia local necesita determinar cuáles son las mejores estructuras para los grupos cerrados que se dedican a enseñar. Las estructuras para los grupos cerrados en la iglesia incluyen, en especial, varios programas y actividades de corto término para preparar a los miembros de la iglesia. Estos son:

Programa de preparación de líderes. Estos son grupos organizados intencionalmente para preparar a los líderes de la iglesia que ocuparán posiciones voluntarias en grupos abiertos, grupos cerrados, adoración colectiva, comités, etc. Pueden ser reuniones continuas o regulares como son las reuniones semanales para líderes de grupos abiertos.

Programa de preparación para evangelizar. Estos son grupos organizados intencionalmente para preparar líderes de grupos abiertos y participantes en la evangelización que involucrarán a los participantes en las experiencias continuas de evangelización.

Programa de capacitación para ministrar. Estos son grupos organizados durante períodos de corto término para preparar a las personas que ocuparán un ministerio o asignación específica. Esto incluye preparar a los jóvenes para dirigir Escuelas Bíblicas de Vacaciones, preparar a los padres para servir de consejeros en los viajes misioneros y preparar adultos que se ofrezcan como voluntarios para realizar tareas médicas en las misiones. Véase la sección de los Equipos para Ministrar, de la página 116 en adelante, para encontrar otros ejemplos de los tipos de preparación para los ministerios.

Programa de ministerios con grupos por edades. Estos son grupos organizados para aprendices de grupos por edad incluyendo preescolares, escolares, jóvenes, universitarios, adultos jóvenes, solteros, personas mayores y otros adultos.

Programa de desarrollo musical. Estos son grupos organizados para aprendices de grupos por edades para enseñar el desarrollo de la música a los preescolares, escolares, jóvenes, adultos jóvenes y coros de adultos y grupos instrumentales relacionados.

Programa de enriquecimiento para mujeres. Estos son grupos de mujeres organizadas intencionalmente para enseñar a otras mujeres a enriquecer en Cristo las vidas de otras mujeres y sus familias, capacitarlas para descubrir los dones que Dios les ha dado para el ministerio, estar atentas a las necesidades de su iglesia y de la comunidad, agrupando las necesidades según los dones que tienen para servir. Estos grupos también preparan a las mujeres para presentar el evangelio a otras mujeres, ser mujeres de oración y ayudarlas a llegar a ser mujeres que estudien la Biblia y vivan la Palabra de Dios.

Programa de ministerio para hombres. Estos son grupos organizados para que los hombres descubran cómo Dios los llama y moldea específicamente para vivir el Gran Mandamiento capacitándolos para cumplir con la Gran Comisión en cada aspecto de sus vidas: como persona, en el hogar, la iglesia, el centro de trabajo, la comunidad y en el mundo.

Programa de educación misionera. Estos son grupos organizados para preparar a los aprendices de grupos por edades en educación misionera y experiencias misioneras incluyendo a los preescolares, escolares, jóvenes, adultos jóvenes y adultos.

Programa de intereses especiales. Estos son grupos organizados basándose en los intereses de los alumnos tales como el enriquecimiento del matrimonio, desarrollar habilidades de padres, asuntos familiares y la oración.

Programa de necesidades especiales. Estos son grupos organizados basándose en la afinidad específica y necesidades personales como son la recuperación del divorcio y la salud.

EL PROCESO DE TRANSFORMACION ESPIRITUAL EN LOS GRUPOS CERRADOS

El proceso de transformación espiritual se sigue moldeando más allá de la experiencia fundamental del grupo abierto al edificar discípulos mediante las experiencias de grupo cerrado. La transformación espiritual es un cambio progresivo de puntos de vistas, valores, actitudes y conducta que trae gloria a Dios. La transformación espiritual comienza con el cambio que hace Dios, mediante Cristo, en el corazón de la persona y se extiende hasta tocar la vida y testimonio del pueblo de Dios en cada nivel de la vida.

Mediante los grupos cerrados, los creyentes exploran los temas bíblicos críticos que afectan la madurez en Cristo. Estas áreas

Siete áreas esenciales que deben explorarse en el grupo cerrado:

- El reino de Dios
- La identidad en Cristo
- Las relaciones
- La iglesia
- El centro de trabajo
- La lucha espiritual
- El mundo

EQUIPOS DE MINISTERIO

Servicio
Unidades del reino
Misiones

Los equipos para ministrar representan la etapa de la multiplicación. Esta ofrece a los miembros oportunidades para servir, trabajar en misiones y además comenzar unidades del reino.

Los cristianos están mejor preparados para el ministerio cuando participan en un grupo abierto, en las experiencias de adoración y en un grupo cerrado. Entonces, dentro del contexto del ministerio de la iglesia local, estos cristianos preparados se unen para cumplir con la misión de la iglesia.

pueden explorarse con más profundidad en un grupo cerrado que en un grupo abierto. Son áreas esenciales para desarrollar en la vida del creyente, necesarias para llegar a ser un multiplicador.

A continuación presentamos siete áreas esenciales que deben explorarse en el grupo cerrado: El reino de Dios, la identidad en Cristo, relaciones, la iglesia, el centro de trabajo, lucha espiritual y el mundo.

EQUIPOS PARA MINISTRAR: UNA ESTRATEGIA ESENCIAL

Una estrategia de equipo de ministerio existe para edificar el cuerpo de Cristo y realizar la obra de *servicio* dentro de la iglesia y para involucrarse en las *misiones* fuera de la iglesia mediante *unidades del reino* nuevas o existentes en un ambiente de oración y urgencia para las personas necesitadas del amor de Dios.

Los equipos para ministrar representan la etapa de la multiplicación. Esta ofrece a los miembros oportunidades para servir, trabajar en misiones y además comenzar unidades del reino. Esta etapa también sirve de entrada a los inconversos si los creyentes ministran sus necesidades. La figura del diagrama en forma de rombo (página 101) tiene líneas de puntos que indican un punto de entrada. El ángulo a la izquierda del rombo que señala hacia adentro indica el servicio en la iglesia, el ángulo a la derecha señalando hacia afuera indica las misiones fuera de la iglesia.

El proceso de la transformación espiritual que encuentra expresión en los grupos abiertos, la adoración colectiva y los grupos cerrados continúa cuando las personas experimentan el servicio y las misiones.

Una comprensión de Efesios 4 sugiere que los cristianos están mejor preparados para el ministerio cuando participan en un grupo abierto, en las experiencias de adoración y en un grupo cerrado. Entonces, dentro del contexto del ministerio de la iglesia local, estos cristianos preparados se unen para cumplir con la misión de la iglesia.

En la década de los noventa surgió dramáticamente el uso de estudios de corto plazo y con grupos pequeños diseñados para preparar a los cristianos para el ministerio. Este aumento del uso sugiere que debe haber un fuerte aumento del trabajo correspondiente a los cristianos en el ministerio de las iglesias.

Excepto por ocasiones aisladas, como el surgimiento de

voluntarios para misiones a corto plazo, no hay tal aumento. De hecho, la investigación de los proyectos recientes muestran que muchas iglesias identifican las necesidades de obreros en sus ministerios existentes como uno de los grandes desafíos que enfrentan. Estas iglesias están buscando expandir sus ministerios mediante los esfuerzos de un pequeño número de obreros dispuestos a trabajar.

Esta falta de conexión entre el surgimiento de estudios de grupo cerrado, los cuales deben preparar a los cristianos para el ministerio, y la participación actual de los cristianos en el ministerio requiere mejorar esta área de la vida de la iglesia. Esta destaca la necesidad de un modelo para hacer el trabajo de la iglesia que lleve a todos los cristianos a practicar el ministerio en la vida de la iglesia.

El modelo y proceso de la iglesia que se presentaron en este capítulo, cuando se implementan globalmente, brindan un marco para los equipos de ministerio que incluye a todos los cristianos en el ministerio de la iglesia.

Muchas iglesias se conocen por hacer énfasis en el ministerio de la familia de la iglesia. Son rápidas para ministrar a las necesidades físicas, emocionales y sociales pertenecientes a la congregación y a su familia extendida. Otras iglesias hacen énfasis en la necesidad de ministrar más allá de las paredes del edificio. Se conocen por tener programas evangelísticos y/o sociales que se concentran en alcanzar personas fuera de la congregación. En vez de tener uno de estos dos tipos de ministerios, es importante que las iglesias tengan una variedad de equipos para ministrar y así cumplir estos propósitos dobles.

PRINCIPIOS TRANSFERIBLES PARA LOS EQUIPOS DE MINISTERIO

El concepto de equipos de ministerio se puede aplicar y transferir virtualmente a cada modelo de la iglesia actualmente en uso. Es un concepto que se puede ver a través de las Escrituras. La Biblia enseña que los cristianos pueden y deben unirse para cumplir con el ministerio interno y externo. Es un patrón que se ve desde que Jesús envió a los doce a sus primeras tareas, la selección de los siete, al ministerio de Pablo y Silas, etc.

En realidad, cada modelo de iglesia actualmente está usando grupos para lograr mucho de su ministerio. La diferencia crítica es que quizás no haya una estrategia intencional para el modelo seleccionado y usado.

La Biblia enseña que los cristianos pueden y deben unirse para cumplir con el ministerio interno y externo.

PRINCIPIOS DEL REINO PARA EL CRECIMIENTO DE LA IGLESIA

Los siguientes principios pueden guiar a implementar la estrategia de un equipo de ministerio *intencional* y se puede aplicar a varios modelos de iglesia:

El principio de filtración. Los cristianos son capaces de concebir un número incalculable de posibles actividades de ministerios para la obra de la iglesia. Si no se revisan, dichas posibilidades de ministerio pueden mantener la iglesia muy ocupada aunque sin lograr mucho de los propósitos bíblicos. Para mantener a la iglesia y sus ministerios concentrados en el trabajo para los cuales se llamó, la iglesia debe filtrar cualquiera acción de ministerio que no sea compatible con su propósito. Cuando una acción de ministerio satisface tres criterios de los filtrados, es adecuado que una iglesia desarrolle un equipo para cumplir ese ministerio.

La iglesia debe filtrar cualquiera acción de ministerio que no sea compatible con su propósito.

- Las acciones del ministerio de la iglesia se deben fundar sobre el cumplimiento de la Gran Comisión (Mt 28.19-20).

- Las acciones del ministerio de la iglesia se deben fundar en el cumplimiento de una o más de las funciones bíblicas siguientes:
  Evangelización (2 Co 5.17-21)
  Discipulado (Ef 2:8-10)
  Compañerismo (Hch 2.42, 46-47)
  Ministerio (Ef 4.11-15)
  Adoración (Jn 4.21-24)

- Las acciones del ministerio de la iglesia se deben fundar para lograr uno o más de los siguientes resultados del reino:
  Crecimiento numérico (Hch 2.41, 47)
  Transformación espiritual (2 Co 3.18;
  Jn 13.31–17.26)
  Expansión del ministerio (Hch 6.1-3; 13.1-3)
  Avance del reino (Hch 1-8; Mt 6.33)

El principio del enfoque interno y externo. Los equipos para ministrar se pueden concentrar en fortalecer el cuerpo de la iglesia o en impartir el amor de Cristo al mundo. Sin embargo, las iglesias deben tener equipos para ministrar que se concentren tanto interna como externamente.

El principio de la participación universal. Cada cristiano tiene un lugar de responsabilidad dentro del ministerio total de la iglesia. El concepto de cada cristiano realizando un ministerio activo se encuentra dentro de la doctrina del sacerdocio del creyente. Cada cristiano debe aceptar la responsabilidad de participar en el equipo de un ministerio.

El principio de integración al equipo del ministerio. Los equipos para ministrar dirigen todas las actividades de los grupos abiertos de la iglesia, adoración colectiva y grupos cerrados. Las iglesias integran los equipos para ministrar dentro de la vida de la misma cuando llenan las posiciones de varios ministerios de la iglesia. Este principio lleva las personas a comprender que su trabajo es un ministerio, no tan solo una participación en una organización de la iglesia. Por ejemplo, la música de la iglesia no es un programa. Por el contrario, es un ministerio que guía la congregación a adorar a Dios más completamente.

El principio de la comisión. Los equipos para ministrar no son una entidad en sí mismos. Los equipos para ministrar funcionan bajo la comisión o autorización de la iglesia. El liderazgo de cada equipo de ministerio es responsable de informar a la iglesia los resultados/frutos de su equipo de ministerio.

ESTRUCTURA BASICA DE UN EQUIPO DE MINISTERIO

El doble propósito (enfoque interno y externo) de los equipos para ministrar expresan las estructuras en las cuales existen. No hay estructura establecida y específica para un equipo del ministerio. Sin embargo, cada equipo tiene líderes y es responsable ante la iglesia. Las estructura de los equipos para ministrar varía de acuerdo a las necesidades de la iglesia y la comunidad a la cual servirán. La iglesia debe determinarla a la luz de su contexto específico y cultural y el balance de sus otras prácticas.

A través del libro de los Hechos los cristianos se unieron bajo la sombrilla de la iglesia para realizar el ministerio para el cual Dios los llamó. Los escritos de Pablo en Efesios describen y explican esta unión:

1 Corintios 1.17—Pablo predicó el evangelio, pero otros bautizaban.

Este principio lleva a las personas a comprender que su trabajo es un ministerio, no tan solo una participación en una organización de la iglesia.

Cada equipo de ministerio tiene un liderazgo y es responsable a la iglesia.

1 Corintios 3.7-9—Somos compañeros de trabajo. Algunos plantan; otros riegan.

A continuación ofrecemos algunos ejemplos de algunos equipos para ministrar, aunque la lista no es completa:
- Planificadores de la adoración colectiva
- Ministerios para visitar a los asilos y prisiones
- Clases y departamentos de la Escuela Dominical
- Capacitadores y participantes de la evangelización
- Ministerio de enriquecimiento de las mujeres

- Grupos de oración
- Ministerio de niños
- Ministerio universitario
- Ministerio a las personas mayores
- Educación especial
- Diáconos
- Grupos misioneros
- Coros de adultos
- Orquesta de la iglesia
- Coro de campanas
- Escuela Bíblica de Vacaciones
- Equipos de recreación y deportes
- Estudio bíblico anual
- Ministerio de televisión y radio
- Personal de la biblioteca de la iglesia
- Encargados del estacionamiento
- Comidas para los confinados
- Compañerismo para toda la iglesia y planificadores de programas
- Jóvenes aprendices para diferentes ministerios

- Ministerio de preescolares
- Ministerio de jóvenes
- Ministerio de solteros
- Ministerio de hombres
- Ministerios para la familia
- Fideicomisarios
- Ministerios de salud
- Líderes de coros según grupos por edad
- Bandas de alabanza
- Grupos de padres
- Comités
- Grupos de salud
- Grupos de drama
- Ujieres
- Los que dan la bienvenida
- Grupos de benevolencia

La práctica eficiente de la iglesia se implementa mediante un proceso continuo que abarca diez acciones esenciales.

PROCESO Y ACCIONES ESENCIALES

La práctica de la iglesia bíblicamente firme, dirigida por líderes preparados que emplean una estrategia intencional e integrada de grupos abiertos, adoración colectiva, grupos cerrados y equipos para ministrar, con el tiempo lograrán resultados importantes en el reino. Desde un punto de vista práctico, la técnica eficiente de la iglesia se implementa mediante un proceso continuo que abarca diez acciones esenciales que guían el desarrollo de la práctica de la iglesia. Se sugiere que estas acciones se efectúen en el contexto del proceso total de toda la iglesia en vez de acciones independientes de liderazgo. Este método destaca el valor de un plan total, la interrelación de las cuatro prácticas de las metodologías de la iglesia, y el espíritu colaborador que desean todos los líderes.

Estas diez acciones se presentan a continuación en declaraciones breves, concretas e imperativas con descripciones que aumentan el significado de cada mejor práctica. Generalmente, las acciones se enumeran en la secuencia que deben implementarse, aunque la secuencia no se debe destacar mucho.

1. Comprometido con la estrategia

Nos comprometeremos a una estrategia total y comprensiva de la iglesia al:

- Renovar nuestro compromiso con la Gran Comisión.
- Desarrollar un modelo de iglesia que se base en los principios bíblicos, que refleje el contexto único de la iglesia, aplique las prácticas eficientes de la iglesia y logre los resultados del reino.
- Involucrar una buena cantidad de miembros para desarrollar la estrategia y prácticas como una nueva oportunidad para vislumbrar el futuro de la iglesia y enumerar las prioridades correspondientes.
- Dirigir a todo el personal de la iglesia y líderes laicos para que sean responsables de apoyar la estrategia total de la iglesia.
- Desarrollar un plan anual que apoye la estrategia de la iglesia y que involucre a las personas en grupos y actividades balanceadas y adecuadamente ordenadas.
- Ofrecer el mejor apoyo posible financiero para implementar la estrategia.
- Implementar el plan a través de acciones específicas mensuales y semanales.

Nos comprometeremos a una estrategia que incluya grupos abiertos al:

- Desarrollar un plan anual que respalde el avance de la iglesia de guiar personas a la fe en el Señor Cristo Jesús y edificar cristianos que cumplan con la Gran Comisión.
- Incluir elementos clave del plan continuo y de corto término de grupos de estudio bíblico y actividades adicionales de estudio bíblico como la Escuela Bíblica de Vacaciones, que enfocan en el evangelismo y el discipulado fundamental.

- Proveer oportunidades que crean y fomenten el compañerismo y animen a la congregación.

Nos comprometeremos a una estrategia de adoración colectiva que transforme al:
- Capacitar a las personas de todas las edades a responder a la presencia, santidad y revelación del Dios Todopoderoso mediante la oración, la alabanza, la confesión y el arrepentimiento, la confesión de fe, la lectura y el estudio de las Escrituras, las ordenanzas y las ofrendas.
- Proveer oportunidades intencionales y significativas para la oración colectiva pidiéndole a Dios que dirija la iglesia.
- Crear un ambiente de adoración que motive a las personas perdidas a responder a Dios en arrepentimiento y fe mediante la obra del Espíritu de Dios.
- Desafiar a los miembros a responder al ministerio mediante el servicio y las misiones.

Nos comprometeremos a una estrategia que incluye grupos cerrados al:
- Desarrollar una perspectiva de discipulado que refleje un método intencional y total para guiar a los discípulos a crecer en madurez espiritual y para equipar a los creyentes para el ministerio.
- Ofrecer un ambiente espiritualmente sensible que anime a los creyentes a responder al llamado de Jesús para seguirle.
- Desafiar a los creyentes a cumplir su llamado en el cuerpo de Cristo.
- Desarrollar las habilidades de los creyentes para servir y misionar.

Nos comprometeremos a una estrategia que incluya equipos para ministrar al:
- Crear un ambiente de oración y urgencia para las personas que necesitan el amor de Dios.
- Proveer oportunidades para que las personas participen regularmente en acciones de ministerio.
- Ver el ministerio como una entrada para los inconversos.

2. Ministrar con propósito
Nuestros grupos abiertos lograrán los objetivos de dirigir las personas

a la fe en el Señor Jesucristo y desarrollar a cristianos que cumplan con la Gran Comisión al:

- Usar el concepto de grupos por edades, grupos de estudio bíblico como el principio primario de organización para estos grupos.
- Tener provisión para todas las edades y generaciones incluyendo a los preescolares, escolares, jóvenes, adultos jóvenes y adultos.
- Organizar los grupos para proveer líderes clave, responsables de involucrar a todas las personas para que participen en las funciones de la iglesia.
- Contar con una proporción saludable de líder–alumno que probó ser eficiente para cada grupo por edades para desarrollar las organizaciones de las estructuras de los grupos por edad.

Nuestros grupos cerrados lograrán los objetivos de capacitar a los creyentes para el ministerio y de edificar líderes del reino al:

- Reconocer que Dios da a cada creyente una nueva identidad en Cristo y que esa transformación continúa a través de una relación con Cristo durante la vida de cada creyente.
- Proveer ministerios de grupo por edades para preescolares, escolares, jóvenes, adultos jóvenes y adultos.
- Proveer para todos los ministerios con intereses especiales como los universitarios, solteros, personas mayores, hombres, mujeres, matrimonios, familia, oración, apoyo, salud y recreación.
- Proveer un sistema para preparar líderes para toda la iglesia que desarrollen nuevos líderes y desafíen a los líderes con experiencia.

3. Edificar líderes del reino

Edificaremos líderes del reino y un equipo de liderazgo mediante una estrategia de desarrollo de líderes como una expresión de fidelidad a Cristo, su iglesia y su mandato misionero al:

- Orar a Dios para que llame líderes que le sirvan por medio de este ministerio.
- Confiar en el Espíritu Santo para que le dé poder a la iglesia para desarrollar líderes siervos que dependan en su poder.
- Implementar un método para nombrar líderes que se concentren en ayudar a las personas a responder a su llamado y a los dones que Dios le dio en lugar de una técnica que se preocupe principalmente en llenar las vacantes de la iglesia u

organización.

- Nombrar líderes para todos los ministerios de la iglesia que a su vez están comprometidos a cultivar y multiplicar nuevos líderes.
- Dedicar mayor atención a las reuniones de los líderes de grupos abiertos que enfocan las misiones, las relaciones y el estudio bíblico.
- Ofrecer preparación de grupo cerrado para todos los grupos de capacitación que prepare líderes para hacer sus trabajos y mejorar la calidad de su liderazgo.
- Llamar personas que entregarán sus vidas para evangelizar a los perdidos y que estén dispuestas a participar en una preparación continua de evangelismo y multiplicación de líderes de evangelismo.

4. Preparar ganadores de almas
Dirigiremos líderes y miembros a ser ganadores de almas y testigos de Cristo en todos los ambientes de la vida, incluyendo el hogar al:
- Enseñar a los miembros a visualizar el ser un practicante ganador de almas como una función de cada creyente.
- Desafiar a los miembros para que continuamente estén conscientes de la condición espiritual de las personas perdidas con quienes se encuentran diariamente.
- Enfocar la atención en la responsabilidad de los líderes y miembros de guiar las personas a la fe en el Señor Jesucristo.
- Preparar líderes y miembros para que presenten el evangelio mediante una estrategia intencional y continua.
- Ofrecer oportunidades regulares para que los líderes y miembros presenten el evangelio.

5. Ganar al perdido
Participaremos en acciones evangelísticas que den como resultado el ganar a los perdidos para Cristo, tanto como otras actividades que enfoquen en las personas que no asisten a ninguna iglesia y reclaman a los espiritualmente indiferentes al:
- Involucrar a los miembros para descubrir individuos y familias en perspectiva.
- Mantener al día los archivos maestros y de prospectos e implementar un método continuo para asignar a los miembros la visitación evangelística de candidatos.
- Ofrecer un horario regular y específico para hacer visitas de alcance, de ministerio y evangelísticas.

- Comprometer a los creyentes a testificar de Cristo en todos los ambientes de la vida, incluyendo el hogar.
- Matricular personas en cualquier momento, en cualquier lugar del estudio bíblico continuo y otros grupos de estudios bíblicos de corto término.
- Enseñar el evangelio, incluyendo la enseñanza fundamental que se convierte en la base para una conversión en el futuro, a medida que el Espíritu Santo traiga convicción de pecado.
- Desafiar a las personas y sus familias que no tienen iglesias y son indiferentes espiritualmente a comprometerse a vivir como seguidores de Jesucristo.

6. Incorporar a las personas

Incorporaremos a las personas y sus familias en la vida de la iglesia y facilitaremos su crecimiento como discípulos de Cristo al:

- Animar a los nuevos creyentes a identificarse con Cristo y su iglesia mediante el bautismo y la membresía en la iglesia.
- Matricular a las personas en grupos continuos de estudio bíblico donde se les mostrará interés, apoyo y cuidado y ayudarlas a edificar relaciones significativas con otras.
- Identificar los dones de los creyentes para el servicio.
- Esperar que los miembros comuniquen su fe y comprometerlos intencionalmente a participar en la preparación evangelística.
- Destacar la participación regular en el estudio sistemático de la Biblia como el paso fundamental del discipulado.
- Brindar una atmósfera propicia para edificar relaciones entre unos y otros en un ambiente de gracia, aceptación, apoyo y estímulo.
- Motivar a todos los creyentes a fortalecer su andar con Cristo participando en otras oportunidades de discipulado.
- Desarrollar un sistema para mantener un informe de la participación individual y familiar en los estudios bíblicos continuos y en los grupos de discipulado.
- Desarrollar un sistema para mantener un informe que sirva como indicador del crecimiento espiritual y la vitalidad espiritual de la persona.
- Proveer oportunidades para que los nuevos cristianos, miembros de la iglesia y sus familias descubran cómo pueden encajar en la vida y ministerio de la iglesia.
- Planear oportunidades para que las personas y familias oren juntas y trabajen juntas para cumplir la Gran Comisión.

• Promover la ofrenda bíblica sistemática y la mayordomía de la vida como una norma de los creyentes.

7. Socios de la familia

Seremos socios de los padres y familias para edificar el hogar como el centro de la guía bíblica al:

• Capacitar discípulos para fortalecer las relaciones familiares.

• Proveer un grupo adecuado de estudio bíblico para cada miembro de la familia, incluyendo a los que tienen necesidades especiales.

• Proveer preparación y materiales para ayudar a los padres a cumplir con su responsabilidad como los maestros principales de la Biblia y discipuladores de sus hijos.

• Desarrollar estrategias evangelísticas y de ministerio orientadas a la familia que ayuden a alcanzar a otras familias para Cristo y la iglesia, y ministrar sus necesidades.

• Proveer preparación de grupo cerrado y experiencias de enriquecimiento para fortalecer las relaciones matrimoniales.

• Edificar un equipo de liderazgo que crea y modele la relaciones esenciales del hogar y la iglesia en la enseñanza bíblica.

• Ofrecer materiales de estudio bíblico y de devocionales que animen y apoyen la adoración familiar y el estudio bíblico en el hogar.

• Explorar las posibilidades para los ministerios intergeneracionales que capaciten a las diferentes generaciones a interactuar unos con otros en lugar de estar separados unos de otros.

8. Enseñar para transformar

Involucraremos a personas y familias en el modelo de instrucción bíblica que lleve a un cambio progresivo de punto de vista, valores, actitudes y conducta al:

• Prepararse fielmente para la sesión de enseñanza bíblica de los grupos abiertos, incluyendo la preparación espiritual personal y la participación en las reuniones de líderes.

• Tener un encuentro con la Palabra de Dios en un grupo abierto de estudio bíblico, guiando a los alumnos hacia la transformación espiritual en su vida diaria y en sus relaciones familiares.

• Centralizar el proceso de enseñanza y aprendizaje de transformación de grupo abierto alrededor de estos elementos de enseñanza bíblica: Reconocer la autoridad, buscar la verdad, descubrir la verdad, personalizar la verdad, luchar con la verdad, creer la verdad y obedecer la verdad.

- Preparar los planes de la lección del grupo abierto para enseñar de variadas maneras incluyendo estos métodos: relacional, musical, lógico, natural, físico, reflexivo, visual y verbal.
- Capacitar a los padres para que sean los maestros principales en sus hogares.
- Seleccionar los materiales de currículo para el estudio bíblico de grupo abierto que guíe los aprendices a explorar todo el consejo de Dios durante sus etapas de la vida.
- Ofrecer una variedad de vías para preparar grupos cerrados que edifiquen los fundamentos bíblicos presentados en los grupos abiertos.
- Proveer grupos cerrados que ofrezcan estudios bíblicos profundos y enriquecedores para los creyentes.
- Seleccionar un currículo de grupo cerrado que lleve a los alumnos a buscar agresivamente la transformación espiritual que impacte sus vidas y testifique de cada nivel, incluyendo el reino de Dios, nueva identidad en Cristo, relaciones en el hogar y con la familia, la iglesia, el trabajo y la escuela, el mundo (sociedad y cultura) y la guerra espiritual.
- Proveer los mejores recursos posibles de enseñanza que capaciten a los maestros para enseñar la transformación espiritual.
- Proveer el mejor espacio y equipo posible según sean adecuados para la enseñanza y el aprendizaje de los grupos por edad.

9. Movilizar para el ministerio

Llevaremos a cabo acciones deliberadas que satisfagan con compasión las necesidades de las personas y de las familias al:

- Recordar que la mayor necesidad es tener buena relación con el Señor.
- Desafiar a las personas para que vallan del salón de clase al mundo de las personas.
- Ayudar a identificar las necesidades de ministerio e informar a los líderes y miembros acerca de las oportunidades para ministrar.
- Capacitar personas y familias para ministrar a otros en necesidad y en todos los ambientes.
- Determinar el propósito de cada equipo de ministerio.
- Movilizar a las personas para servir, llevándolas a equipos para ministrar.

- Dirigir a los miembros y sus familias a involucrarse en proyectos de ministerio y misiones.
- Involucrar a la familia de la iglesia a apoyar a los misioneros y la obra misionera mediante la oración y las ofrendas.
- Animar a los cristianos a influir en la cultura secular, asuntos de ciudadanos y vida cívica con principios cristianos.
- Crear un ambiente que anime a las personas a responder al llamado de Dios al ministerio vocacional cristiano.
- Practicar el tener aprendices y la multiplicación que dirija a un ministerio nuevo o expandido y personas participando en el ministerio.
- Informar los resultados hacia el cumplimiento de un ministerio específico en la vida de la iglesia como una medida de responsabilidad y dar a conocer el fruto del ministerio a la iglesia.

10. Multiplicar líderes y unidades

Desarrollaremos e implementaremos un proceso intencional para la multiplicación continua de líderes y nuevas unidades del reino al:

- Comunicar la relación clave entre la multiplicación de líderes y unidades con la estrategia de la misión general de la iglesia.
- Enseñar a cada creyente a estar en servicio y en misiones y multiplicarse.
- Desarrollar un ministerio para preparar líderes potenciales que ayuden a los miembros a explorar su potencial y posibilidades de liderazgo.
- Hacer que el nombramiento de los líderes y la multiplicación de las unidades sea un proceso continuo en lugar de acciones anuales.
- Animar y apoyar la iniciativa de grupos existentes de estudio bíblico para reproducirse mediante la formación de nuevos grupos de estudio bíblico y así aumentar la oportunidad de evangelizar y discipular a más personas.
- Animar y apoyar los esfuerzos de los líderes para identificar futuros líderes y guiarlos a servir a Cristo y su iglesia.
- Comenzar nuevos grupos abiertos, nuevos grupos cerrados y nuevos equipos para ministrar.
- Comprometer la iglesia a comenzar una nueva Escuela Bíblica de Vacaciones, una nueva Escuela Dominical, o ayudar a plantar una nueva misión.

Recuerde que nuestra meta es producir resultados significativos del reino a través del tiempo. Nuestra presentación de las diez acciones esenciales que guían a la mejor práctica de la iglesia nos ha llevado profundamente a los detalles de un proceso comprensivo para toda la iglesia. Si en estos momentos damos un paso atrás veremos un cuadro más grande: La relación del crecimiento de la iglesia local con el reino.

EL CRECIMIENTO DE LA IGLESIA NO ESTA SEPARADO DEL REINO

El crecimiento total de la iglesia va paralelo al crecimiento del reino de Dios. El crecimiento de iglesias saludables no ocurrirá aisladamente del reino, de la vida y crecimiento de otras iglesias o de lo que Dios está haciendo en el mundo. El ministerio de la iglesia no cumplirá la Gran Comisión hasta que sea un ministerio del reino. Sólo entonces la iglesia tendrá la perspectiva, el poder y la visión que necesita para crecer según Dios desea.

Muchos esfuerzos de la iglesia se limitan a uno o dos principios del reino con poca o ninguna visión de cuánto impactan sus esfuerzos al mundo o al reino de Dios. Si la iglesia quiere crecer, deberá atender a *todos* los principios del reino.

LOS CREYENTES DEBEN ACTUAR COMO CIUDADANOS DEL REINO

Dios desea que sus hijos sean ciudadanos del mundo y del reino. Que estén completamente entregados a cumplir los propósitos de Dios en el mundo.

La iglesia es el recurso más valioso que Dios tiene en cualquiera comunidad, estado o nación para ministrar a las personas. Las agencias sociales y humanitarias del gobierno no pueden comenzar a igualar el poder y los recursos que el Señor ofrece a través del pueblo que ministra en su nombre.

DEBEMOS COMPROMETERNOS A MINISTRAR

Debemos comprometernos con nuestros hermanos creyentes y todos lo que nos rodean a ministrar en el poder y la autoridad de Cristo. Las iglesias no pueden perder tiempo, energía, esfuerzos y recursos haciendo cosas que no sean parte del plan de Dios.

El plan de Dios es básico: Estamos comisionados para ir con la autoridad de Cristo a evangelizar al mundo, bautizar a los creyentes y discipularlos a la semejanza de Cristo. Cualquier cosa que decidamos hacer para ministrar que no tenga como resultado transformar a las personas por la gracia de Dios,

El crecimiento de las iglesias saludables no ocurrirá independientemente del reino.

Cualquier cosa que decidamos hacer para ministrar que no tenga como resultado transformar a las personas por la gracia de Dios, preparándolas para ministrar con los dones espirituales, no es una prioridad.

preparándolas para ministrar con los dones espirituales, no es una prioridad. Las iglesias y los creyentes que están dirigidos por el Señor para practicar los principios del reino son aquellos que descubren ministerios que Dios les tiene preparados.

TODA PERSONA TIENE LA POSIBILIDAD DE SER UN MINISTRO

Usted se preguntará: *¿Dónde voy a conseguir los líderes que necesito para realizar las cinco funciones de la iglesia?* Todo inconverso tiene la posibilidad de convertirse y bautizarse. Él o ella también tiene el potencial de ministrar para Dios. El Señor busca salvar a los perdidos e impartirles su Espíritu para que sean sus ministros de reconciliación dondequiera que Él escoja enviarlos. Esta es la meta y función principal de cada creyente e iglesia local. Hacer algo diferente es apartarse del evangelio y de la Gran Comisión. Nunca debemos sacrificar lo mejor por lo bueno.

¿A DONDE IREMOS DESDE AQUI?

Saber a dónde ir no es siempre fácil, pero es más fácil que llegar. Una cosa es tener una comprensión básica de la Gran Comisión, el reino de Dios, la iglesia, las funciones esenciales del reino en la iglesia y los resultados que siguen a esas funciones y cómo poner en práctica esos principios del reino. Pero otra cosa, completamente diferente, es cambiar la dirección de una iglesia y dejar de usar tiempo y esfuerzos en cosas buenas cuando lo mejor se queda sin atender.

¿Cómo cambiaremos la vida y cultura de nuestras iglesias para ajustarlas a la voluntad y obra de Dios y unirse a Él en su misión de redimir a nuestro mundo? La respuesta se resume en una declaración:

El principio 1•5•4

EL PRINCIPIO 1•5•4

1 – La Gran Comisión

5 – Funciones
- Evangelización
- Discipulado
- Compañerismo
- Ministerio
- Adoración

4 – Resultados
- Crecimiento numérico
- Transformación espiritual
- Expansión de ministerios
- Avance del reino

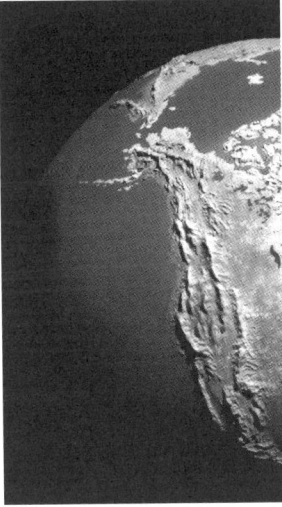

7

¿A DÓNDE IREMOS

DESDE AQUÍ?

En este libro yo evité darle los métodos para ayudarlo a usar los principios del reino de Dios para el crecimiento de la iglesia. Lo he hecho por tres razones:

Primero: Los métodos son importantes y útiles, pero para aplicar estos principios se puede usar una gran variedad de métodos y ya existen demasiados para exponerlos en un libro de esta índole. Mi esperanza y oración es que usted tome estos principios y desarrolle sus propios métodos para hacer crecer a su iglesia en el lugar donde esté. Sin embargo, puede tener la seguridad de que LifeWay Church Resources cuenta con materiales para ayudarlo en el trabajo de hacer crecer a su iglesia.

Segundo: Los métodos cambian, pero estos principios son permanentes.

Tercero: Es necesario familiarizarse con estos principios bíblicos básicos antes de decidir los métodos que se van a emplear. También debe saber cómo funcionan estos principios en su caso y en el de su iglesia. Luego decidirá, tan pronto como sea posible, cómo usarlos para ver a su iglesia comenzar a crecer y desarrollarse.

¿Funcionarán estos principios? Claro que sí. Si no, ¿para qué el Señor los daría? He usado estos principios en cinco iglesias diferentes y siempre han funcionado. Cada iglesia era diferente y estaba situada en distintas partes de la nación. Una iglesia era rural, otra estaba en una comunidad en transición, dos estaban en los suburbios y una en una ciudad pequeña. Cada iglesia era diferente en número de miembros y cada una tenía sus características y circunstancias. En cada iglesia empleamos los cinco principios del reino y en cada una vimos los cuatro resultados que este libro presenta.

Usamos distintos métodos y tuvimos reacciones diferentes porque las iglesias no eran iguales. Aunque obtuvimos los cuatro resultados, algunas veces la secuencia era diferente. En algunos casos tuvimos un gran aumento numérico rápido. En otros casos vimos los ministerios y las misiones desarrollarse antes de tener un crecimiento numérico considerable. El crecimiento espiritual de los miembros de una de las iglesias fue el más notable de las cuatro áreas. Más tarde, con otro pastor, la iglesia comenzó a crecer numéricamente. Sin embargo, en cada caso y en un cierto tiempo, el Señor dio el crecimiento a cada una de las cuatro áreas.

No he descubierto ningún camino breve para el crecimiento de la iglesia. Este es un desafío, es un trabajo que consume tiempo y demanda nuestro mejor esfuerzo. Los resultados que se obtienen viendo las vidas cambiadas hacen valiosa cada hora y cada gota de sudor que se invierte.

Hay iglesias que crecen numéricamente más rápido que otras. Algunas necesitan madurar espiritualmente antes de que nuevas personas se añadan a la lista de los miembros. El crecimiento ocurre cuando el Señor vive a través de los creyentes y de la congregación en su totalidad.

¿Cómo puede usted aplicar los principios del reino 1•5•4? El crecimiento de la iglesia comienza igual que todas las demás cosas de la vida cristiana: Mediante una relación correcta con Dios. Cada método práctico para aplicar estos principios descansa en nuestra relación personal con Él.

Dios habla a sus hijos de diversas maneras. Él nos enseña lo que quiere que hagamos en nuestras comunidades e iglesias para ganar a las personas para Cristo. Nos habla por medio del Espíritu Santo, de la oración, de su Palabra, del compañerismo de la iglesia y por medio de las circunstancias humanas. El crecimiento de la iglesia es la obra de Dios y solo podremos hacer un buen trabajo cuando nuestra relación con Él sea justa.

Jesús señaló que su obra era del que lo había enviado (Jn 9.4). Dijo a sus discípulos: «Mi comida es que haga la voluntad del que me envió, y que acabe su obra» (Jn 4.34).

Si Cristo comprendió claramente que su tarea era hacer la obra del Padre, nosotros no debemos hacer menos. Debemos buscar la presencia del Padre y hacer su voluntad. Pablo nos recuerda que Dios «es el que [...] produce así el querer como el hacer, por su buena voluntad» (Fil 2.13).

El Señor nos habla en formas muy diversas, pero nunca contradice su Palabra ni su naturaleza. Tampoco Dios se contradecirá a sí mismo en lo que dice a diferentes personas. No le dice a un laico una cosa y al pastor lo contrario. Quizás el Señor no nos diga todo lo que deseamos saber, pero tampoco dará instrucciones contradictorias a la iglesia.

Oracion colectiva

La oración colectiva es la iglesia en relación con el Padre, escuchar de Él, discernir su voluntad y propósito para ella. La oración abre la iglesia a la voluntad y dirección de Dios. Tal vez Dios espere que la iglesia ore antes de derramar su poder para salvar a aquellos que amamos y tratamos de alcanzar. El crecimiento de la iglesia comienza con una estrategia de oración. Nunca he conocido un método para el crecimiento de la iglesia que no incluya la oración. Esta es fundamental para la vida cristiana. Es lo que puede formar cristianos vibrantes. Hablamos con el Señor y lo escuchamos por medio de la oración. Ninguna de las iglesias que conozco ha crecido sin haber orado fervientemente.

Si usted quiere que su iglesia crezca, ore por el crecimiento. Un viejo pastor me aconsejó respecto a una decisión que debíamos tomar en nuestra iglesia. Dijo: «Durante dos semanas vaya delante del Señor en oración. Cuando reciba la respuesta, quédese ante Él durante dos semanas más para darle las gracias». El Señor prometió:

«Pídeme, y te daré por herencia las naciones, y como posesión tuya los confines de la tierra» (Sal 2.8).

«Clama a mí, y yo te responderé, y te enseñaré cosas grandes y ocultas que tú no conoces» (Jer 33.3).

«Si permanecéis en mí, y mis palabras permanecen en vosotros, pedid todo lo que queréis, y os será hecho» (Jn 15.7).

«No me elegisteis vosotros a mí, sino que yo os elegí a vosotros, y os he puesto para que vayáis y llevéis fruto, y vuestro fruto permanezca; para que todo lo que pidiereis al Padre en mi nombre, él os lo dé» (Jn 15.16).

Se establece una buena estrategia de oración cuando oramos convencidos de que Dios nos dará lo que Él desea que tengamos. Él ha escogido realizar su obra en este mundo mediante las oraciones de su pueblo.

La oración nos lleva a los lugares de guerra espiritual donde Dios puede destruir el poder de Satanás y del mal sobre las personas. Los que viven en la esclavitud espiritual no serán libres mediante los programas del gobierno o de educación. Solo con el poder de Dios es posible rescatarlos. Debemos orar para que su poder los libere del pecado, la opresión satánica y la separación de Dios.

Si una iglesia desea crecer, sus miembros deben orar pidiendo que se manifieste la voluntad y el poder de Dios, que las personas sean salvas y que en la iglesia se produzca un crecimiento del reino.

La oración intercesora quizás sea el ministerio más difícil de la iglesia, sin embargo, para ganar la batalla a Satanás, no hay nada más efectivo que la oración. Si su iglesia quiere crecer, usted y los demás miembros deben orar.

Principios del reino para el crecimiento de la iglesia

Liderazgo

El liderazgo cristiano eficiente es un factor crucial en el crecimiento de la iglesia. El liderazgo de la iglesia puede definirse diciendo: Es guiar la iglesia para cumplir con la Gran Comisión y traer a cada creyente, del cual el líder es responsable, a madurar en Cristo. Dios llama a los líderes a seguir a Cristo en una vida de discipulado usando productivamente sus dones espirituales.

El Espíritu Santo

Otro factor muy importante para el crecimiento de la iglesia es comprender y experimentar el ministerio del Espíritu Santo. La enseñanza más grande de Jesús acerca del Espíritu Santo se encuentra en tres capítulos del Evangelio de Juan. Cristo aseguró a los discípulos que aunque debía regresar al Padre después de su muerte y resurrección, el Espíritu Santo vendría sobre ellos. Este es el otro «Consolador»(Jn 14.16-17) que por siempre estaría con ellos. Es el «Espíritu de verdad». También tendría la responsabilidad de enseñar y recordarles todas las cosas que dijo (Jn 14.26). No permitiría que los discípulos olvidaran las palabras de Cristo y después que regresara al Padre, les daría un claro entendimiento de lo que significaban.

El Espíritu Santo es imprescindible para el crecimiento de la iglesia. Él vino a dar testimonio de Cristo en medio de un mundo hostil (Jn 15.26-27). Vino a convencer al mundo de pecado, de su necesidad de justicia y del juicio de Dios (Jn 16.7-11). También vino para guiar a los seguidores de Jesús a toda verdad y para mostrarles las cosas que habrían de suceder (Jn 16.13).

La obra del Espíritu en el primer siglo es la que desea realizar en cada siglo. Sin Él la iglesia no tiene ningún poder. Sin la dirección del Espíritu los creyentes no pueden conocer ni comprender lo que Dios está haciendo en el mundo, ni lo que Él quiere que hagan. Jesús envió al Espíritu para ayudarnos en nuestra obra de ganar almas para su reino y para que pudieran desarrollarse en la vida cristiana. Nos guía mientras obra en la vida de los perdidos, convenciéndolos de su necesidad de salvación. Sin la sabiduría y poder del Espíritu, es imposible cumplir la Gran Comisión.

El Espíritu Santo hace posible nuestra comunicación con el Padre. Jesús dijo: «Porque no hablará por su propia cuenta, sino que hablará todo lo que oyere» (Jn 16.13). La función del Espíritu es comunicarnos la voluntad y las instrucciones de Dios y estimularnos a realizarlas.

El Espíritu Santo es nuestro mejor recurso y la fuente de poder para realizar la obra que el Padre nos ha encomendado. No se salvan los perdidos, no crecen espiritualmente los creyentes ni se puede dirigir la iglesia sin la presencia del Espíritu Santo. Debemos aprender a escucharlo. Debemos ceder nuestro ser a Él antes de tomar decisiones sobre estrategias, planes y recursos para lograr el crecimiento de la iglesia.

LA BIBLIA

La Biblia es la manera más segura y constante en que el Señor nos habla. Sus palabras son nuevas cada día porque diariamente el Señor nos habla a través de ella. Es segura porque es la verdad sin ninguna mezcla de error. Una iglesia y sus miembros deben comprometerse a estudiar la Biblia y vivir de acuerdo con ella.

No hay falta de estudio bíblico. En todas partes hay grupos para estudiar la Biblia. Sin embargo, no es cuánto tiempo empleamos estudiando la Biblia, lo más importante es si somos capaces de oír al Señor hablándonos por medio de ella y más aun, si estamos haciendo lo que Él nos dice.

Las personas que dudan de la naturaleza y validez de la Biblia, como la palabra de Dios, no tienen ninguna razón para vivir de acuerdo a lo que esta dice. La naturaleza de la Biblia está de acuerdo a la de Dios, que es su Autor. Dios es verdad y no miente. Su Palabra es verdad y no tiene errores. Dios nos ha dado su Palabra como una guía escrita para nuestras vidas. Él nos habla por medio de su Palabra y desea que hagamos lo que Él dice.

El estudio de la Biblia y la adoración son el fundamento principal para cualquier iglesia. Sin embargo, al leer la Biblia, debemos cuidarnos de no hacerlo solo para obtener información. La estudiamos para escuchar la voz de Dios que nos habla a través de ella con el propósito de transformar nuestras vidas y darnos la guía y comprensión necesaria para vivir y revelarse a nosotros. Hebreos 4.12 declara:

«Porque la palabra de Dios es viva y eficaz, y más cortante que toda espada de dos filos; y penetra hasta partir el alma y el espíritu, las coyunturas y los tuétanos, y discierne los pensamientos y las intenciones del corazón».

Si nuestras iglesias desean crecer, debemos acudir a la Biblia para escuchar y seguir la voluntad de Dios en nuestras vidas. Cualquier estrategia que desarrollemos para el crecimiento de la iglesia, debe tener personas estudiando la Biblia en privado, en grupos pequeños y en los cultos de adoración. Las iglesias que crecen son aquellas que tienen a la palabra de Dios como una prioridad en el ministerio y práctica.

PLANEAR PARA CRECER

El crecimiento de la iglesia es algo que el Señor hace. Solo Dios salva a las personas y solo Él desarrolla las iglesias. Nos invita a unirnos a su obra y nunca debemos olvidar esta importante verdad. Sin embargo, necesitamos hacer planes. Planear el crecimiento no indica falta de fe, por el contrario, presupone que Dios está obrando en nosotros y a nuestro alrededor y desea que seamos parte de lo que Él está haciendo. Planear el crecimiento de la iglesia es una forma de aplicar la Gran Comisión a nuestras congregaciones. Se puede hacer de muchas maneras. Hay algunos sistemas de planeamiento que son mejores que otros; unos pueden resultar anticuados, otros se

PRINCIPIOS DEL REINO PARA EL CRECIMIENTO DE LA IGLESIA

adaptan mejor a su iglesia. El planeamiento es bueno cuando se hace correctamente. He aquí un sistema de planeamiento que le ayudará a cumplir con la Gran Comisión en la vida y el ministerio de su iglesia. Siga cuidadosamente estos pasos a fin de evitar algunas trampas serias que pudiera encontrar en el camino.

Dedicación. El planeamiento para el crecimiento de la iglesia comienza con un compromiso personal y con el de toda la congregación para cumplir la Gran Comisión. Debemos llegar al punto de estar dispuestos a hacer cualquier cosa que el Señor no pida y desee. No podemos determinar lo que deseamos que nuestra iglesia sea. No somos dueños de la iglesia; este es un asunto del Señor. Debemos hacer lo que Él desee. No podemos limitarnos a los métodos que conocemos o a los que pensamos que pudieran funcionar de acuerdo con nuestra situación. Tampoco debemos presuponer que los métodos que Dios usa en otras iglesias son los mismos que desea usar en la nuestra.

El compromiso comienza con una evaluación honesta de nuestras vidas y de la iglesia. La mejor manera de determinar el rumbo a seguir es ver lo que el Señor está haciendo en nuestras vidas e iglesia en estos momentos. ¿Está usándolo a usted y a su iglesia para alcanzar a las personas perdidas? ¿Está utilizándolo a usted y a los miembros para ministrar las necesidades de las personas que se encuentran dentro y fuera de su iglesia? ¿Está discipulando a los creyentes y preparándolos para el ministerio? Hay algo que anda mal si Cristo no está viviendo a través de usted y de su iglesia. Jesús nos dio esta maravillosa promesa en Juan 14.12:

«De cierto, de cierto os digo: el que en mí cree, las obras que yo hago, él las hará también; y aún mayores hará, porque yo voy al Padre».

Cuando examino mi compromiso con Cristo debo preguntarme: ¿Estoy haciendo su obra constantemente? Si no lo estamos haciendo, o si nuestra iglesia no lo está haciendo, entonces hay algo que anda mal.

Las obras que Jesús hizo en la tierra revelaron a Dios. Todo lo que hizo señalaba al Padre. Sus milagros fueron una señal de que el reino había venido y de que las personas podían disfrutar del compañerismo personal con el Padre. Sacó demonios, sanó personas y las ministró cuando estaban temerosas, hambrientas y sedientas.

Nuestros planes para el crecimiento de la iglesia deben incluir el hacer la obra del Padre en nuestras vidas y en la iglesia local. Los métodos que escojamos deben estar en armonía con los principios del reino para el crecimiento bosquejados en la Palabra de Dios. Si nuestros planes no incluyen métodos que cumplan con la Gran Comisión, nuestro resultado será limitado. Si nuestros métodos no dan por resultado el crecimiento de la iglesia en las cuatro dimensiones, necesitamos cambiarlos. Necesitamos pasar mucho tiempo con el Señor para planear y usar los métodos que Él seleccione.

136

¿A DÓNDE IREMOS DESDE AQUÍ?

Planeamiento estratégico para tener un ministerio efectivo. Planear con estrategia significa ver el futuro y usar todos los recursos y esfuerzos para alcanzar esa visión. Cada iglesia necesita desarrollar su propia y bien definida estrategia de crecimiento y su proceso para establecer sus prioridades estratégicas. Tal estrategia aumentará la visión de la iglesia de su propio potencial. También la protegerá de obstáculos para crecer y dará las herramientas necesarias para alcanzar su potencial. El pastor y la iglesia deben ver el planeamiento estratégico como un proceso, no como un método o programación.

A través del proceso de bosquejar la estrategia, el pastor y otros líderes de la iglesia pueden desarrollar las prioridades estratégicas de la iglesia basándose en los principios esenciales del reino bosquejados en este libro. Este proceso de bosquejo involucra cuatro pasos. Miremos cada paso brevemente.

Paso uno: Se concentra en tener un punto de vista de la estrategia de la obra de la iglesia. Este punto de vista incluye un claro enfoque en los principios del reino involucrados en el crecimiento de la iglesia, la Gran Comisión y los dones espirituales de los miembros de la iglesia. Este paso ayuda a la iglesia a concentrarse en sus puntos fuertes en preparación para el ministerio.

Paso dos: Se concentra en el establecimiento de las prioridades estratégicas de la iglesia. Este paso guía la iglesia a determinar qué áreas de su trabajo recibirán la prioridad principal. Esta sección del bosquejo es el corazón del proceso del planeamiento estratégico.

Paso tres: Enfoca las acciones que la iglesia llevará a cabo como resultado de las prioridades que establezca. Este paso incluye determinar las acciones que se tendrán en los grupos abiertos, adoración colectiva, grupos cerrados y equipos de ministerios basados en las cinco funciones de la iglesia mencionadas en las páginas 6 y 10 y presentadas en detalles en el capítulo 3 de este libro.

Paso cuatro: Permite que la iglesia evalúe el progreso logrado para alcanzar las metas de las prioridades estratégicas.

Antes de que la iglesia prepare su presupuesto o establezca el calendario de actividades, los líderes de la iglesia deben completar el proceso del planeamiento estratégico. Completar esta fase antes de planear las actividades principales asegurará que la iglesia se concentre en los recursos disponibles para llevar a cabo la Gran Comisión.

En la vida de las corporaciones, los líderes emplean muchas horas preparando la visión de sus compañías y los planes que se emplearán para alcanzar la misma. Las iglesias necesitan hacer lo mismo pero con una diferencia que es muy importante: La visión de las iglesias debe venir del Señor. Los líderes necesitan pasar tiempo juntos, en comunión con el Señor, en oración, estudio bíblico, e intercambiar ideas a fin de poder preparar la visión del Señor para su obra.

Sabemos que la voluntad de Dios es que cada creyente e iglesia cumpla la Gran Comisión. Cómo se realizará en su iglesia es una decisión que usted y los líderes

Principios del Reino para el Crecimiento de la Iglesia

deben tomar con la ayuda y dirección de Dios. Una declaración de esa visión se debe desarrollar, escribir, comentar, adoptar y comunicar a toda la iglesia. Esta declaración de la visión debe decir quiénes son ustedes, qué hacen y por qué eso es importante. Debe declarar cómo ustedes creen que Dios obrará para que se cumpla la Gran Comisión. Puede parecerse a una que he usando en el pasado:

Nuestra iglesia cumplirá la Gran Comisión presentando el amor de Dios en Cristo a toda persona, mediante la evangelización, el discipulado, el compañerismo, el ministerio y la adoración.

No resulta fácil escribir una declaración de la visión. A veces es más fácil pasar tiempo con el Señor para obtener una idea de lo que Él quiere que hagamos que traducir estar instrucción interna a palabras que comuniquen claramente esta idea a otros.

Después que prepare la declaración de la visión, determine las metas, las acciones y los recursos que necesitará para llevar a cabo la visión. Necesitará desarrollar esta secuencia para evitar hacer cosas que no tienen relación con la visión que Dios le ha dado a su iglesia.

Escribí este libro para animarlos a hacer algunas cosas básicas antes de que comiencen a usar un método para el crecimiento de la iglesia. Sé por experiencia (algunas veces dolorosa) que lo que este libro presenta es importante. Puedo decir, por experiencia propia, que estos principios del reino son bíblicos y dan resultados cuando se aplican en la iglesia. Nuestra oración es que usted y su iglesia se comprometan a cumplir la Gran Comisión bajo la dirección de Dios y por su gracia y poder.

Los materiales de LifeWay Church Resources (una división de LifeWay Christian Resources) están a su disposición cuando usted los necesite. Los hombres y mujeres que ministran en el mismo tienen el compromiso de ayudar a las iglesias para que puedan crecer y lleguen a ser lo que Dios quiere que sean. Si usted tiene preguntas o necesita más información, puede llamarnos o escribirnos. Mi dirección es:

Gene Mims
LifeWay Church Resources
One LifeWay Plaza
Nashville, TN 37234-0154
615-251-2993
Email: gene.mims@lifeway.com

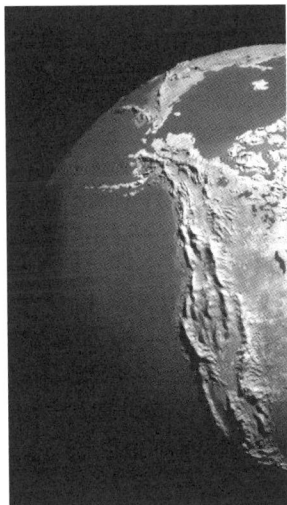

CONCLUSIÓN

Desde la primera página de este libro hasta la última, he intentado, con la dirección del Espíritu Santo, bosquejar el proceso bíblico de crecimiento de la iglesia. El compromiso a este proceso puede traer gozo y cumplimiento a su vida cristiana. Puede dar un nuevo aliento y perspectiva a su iglesia.

Esto no es un libro de métodos para hacer crecer la iglesia. Éste trata de dirigirlo y destacar su trayectoria de crecimiento que nuestro Señor desea para sus iglesias. Este es un recorrido para aplicar los principios del reino y cumplir la Gran Comisión.

Este proceso le abre la puerta a usted y su iglesia para trabajar en lo que trabaja, concentrarse en lo mejor, experimentar una nueva libertad en el Señor y asegurar que cuando llegue el lunes por la mañana usted no tendrá preguntas acerca lo que usted y su iglesia deben hacer.

Los principios del reino para el crecimiento de la iglesia no son nuevos. Sin duda alguna, usted pensó cuando estaba leyendo este libro: *Lo sé, lo creo*. Verdaderamente, está correcto. Estos principios son tan eternos como Dios mismo y tan aplicables en nuestra época de pecado, frustración, violencia, ansiedad, ira, egoísmo, hambre, pobreza, materialismo y codicia como fueron en el día que Dios los dio.

Mi oración es que usted y su iglesia comiencen con fe y con la seguridad del poder y las promesas de Dios de redimir a la humanidad por medio de Cristo Jesús, nuestro Señor.

«Y el Dios de paz que resucitó de los muertos a nuestro Señor Jesucristo, el gran pastor de las ovejas, por la sangre del pacto eterno, Os haga aptos en toda obra buena para que hagáis su voluntad, haciendo él en vosotros lo que es agradable delante de él por Jesucristo; al cual sea la gloria por los siglos de los siglos. Amén» (He 13.20-21).

APÉNDICE: POR FE SURGE UNA MEJOR PRÁCTICA

POR FE es la metodología principal de evangelización que recomienda LifeWay Church Resources como un plan compresivo para capacitar a los miembros de la iglesia a ganar almas para Cristo.

Como vislumbrado, POR FE: una estrategia de evangelización mediante la Escuela Dominical© se relaciona con la metodología de las cuatro prácticas de la iglesia por medio de los grupos abiertos, adoración colectiva, grupos cerrados y equipos de ministerios. Las iglesias están llamando a los líderes de POR FE en el contexto de la adoración colectiva, integrando a POR FE en la Escuela Dominical o experiencia de grupo abierto, creando una nueva dimensión para edificar a los líderes y capacitar discípulos mediante grupos cerrados, y viendo POR FE como parte de un proceso para incorporar a los nuevos creyentes en la vida y ministerio de la iglesia.

POR FE se puede ver como una práctica total para mantener la evangelización y el discipulado junto mientras desarrolla líderes y multiplica el ministerio. Aproximadamente 5,550 iglesias y 25,200 personas han sido entrenadas hasta la fecha por medio de 240 clínicas e institutos. Los resultados cualitativos en la iglesia sugieren que POR FE: una estrategia de evangelización mediante la Escuela Dominical© se está viendo más por las iglesias participantes como un proceso total para llevar a cabo la principal práctica de la iglesia. Más resultados cuantitativos a largo plazo serán necesarios para evaluar el impacto estratégico de POR FE en la práctica de la iglesia.

Mientras que POR FE se trata como una estrategia de evangelización mediante un grupo abierto o Escuela Dominical, el entrenamiento continuo en el nivel de la iglesia ocurre en el grupo cerrado. La estrategia de evangelización POR FE requiere el método de grupo cerrado para entrenar a los líderes y miembros en tres niveles básico, avanzado y discipulado. POR FE reclama un nivel alto de compromiso por parte del pastor y los líderes de la Escuela Dominical o grupos abiertos.

140

El impacto de POR FE en las practicas de la iglesia

Basándonos en los testimonios de las iglesias que están usando POR FE y la investigación de anécdotas, POR FE está teniendo un impacto en las iglesias participantes, por lo menos, de las siguientes maneras:

• Dando nueva energía a los pastores y congregaciones
• Proveyendo un enfoque común para las prioridades en el ministerio de la iglesia
• Aumentando la participación en la visitación y estabilidad en el ministerio personal de las clases de la Escuela Dominical
• Aumentando la matrícula y la asistencia a la Escuela Dominical
• Aumentando la asistencia al culto de adoración
• Aumentando los bautismos
• Creando sentido de propósito para las clases y departamentos de la Escuela Dominical
• Necesidad creciente de respaldo de programas y aplicaciones relacionadas con la participación de POR FE, Escuela Dominical y descubrimientos de miembros en perspectiva en general
• Dependencia más profunda en la oración

Elementos clave de POR FE

La clase de la Escuela Dominical. El núcleo de POR FE es la clase de la Escuela Dominical. La estrategia de POR FE se concentra en el trabajo asignado a las clases de cada división por edad. Un equipo de POR FE está compuesto por tres participantes que son miembros de una clase o departamento de la Escuela Dominical. A los equipos se les envía a visitar a los miembros en perspectiva y a los miembros de sus clases o departamentos. Los miembros de las clases que no participen en los equipos, estarán orando y escuchando las respuestas de sus oraciones. Ellos darán la bienvenida y animarán a los nuevos miembros.

Algunas visitas se harán a miembros que necesiten ser ministrados o fortalecidos. Algunos miembros tienen períodos de crisis o preocupaciones, mientras que quizás otros no estén asistiendo regularmente al estudio bíblico. Se pueden hacer visitas que solicite la clase a personas que no conocen al Señor y/o que tal vez no estén asistiendo a ninguna iglesia ni estudio bíblico. ¿Quién mejor para alcanzarlas que los miembros que tienen edades, necesidades o situaciones similares en la vida? El equipo de POR FE visita para ministrar a las personas de su propia clase.

Reuniones semanales del liderazgo de la Escuela Dominical. Los líderes de la Escuela Dominical se reúnen regularmente para tratar los asuntos relacionados con las personas que han sido alcanzadas por la Palabra de Dios y el ministerio de cuidado de los creyentes; y para hacer planes para el seguimiento a medida que se descubran miembros en perspectiva y se visiten. Estas reuniones regulares son para ayudar la clase a cumplir con todas sus funciones y no solo para prepararse para enseñar la Palabra de Dios. Las

PRINCIPIOS DEL REINO PARA EL CRECIMIENTO DE LA IGLESIA

personas se reúnen para planificar el estudio bíblico, alcance, evangelización, actividades de compañerismo, y para ministrar teniendo presente a las personas y sus familias. Estas reuniones generan dirección y energía. Cuando los líderes de la Escuela Dominical se reunen semanalmente, también aumenta la posibilidad de que los alumnos tengan un encuentro con la Palabra de Dios que los transforme.

Líderes de grupo de POR FE/Coordinación. Los líderes que coordinan varios equipos de POR FE, se llaman «Líderes de grupo», y se reúnen semanalmente para coordinar las tareas, el proceso y el seguimiento. Cuando una iglesia comienza el primer semestre de POR FE, quizás solo haya uno o dos «Líderes de grupo». Los líderes de grupo están entre los mejores y más fuertes promotores de POR FE, especialmente cuando la estrategia crece.

Entrenamiento de evangelización en la Escuela Dominical. El entrenamiento de POR FE es un método de preparar a los laicos para que testifiquen de su fe, usando un bosquejo de visita que incluye una presentación del evangelio fácil de recordar. Se usa el acrónimo POR FE. El entrenamiento incluye clases, tareas para la casa y visitas a los hogares.

Dieciséis semanas de entrenamiento proporcionan conocimientos, práctica, y permiten a los participantes ver al líder del equipo mostrándoles la manera de hacer una visita y para aprender la presentación del evangelio. El semestre ayuda a los participantes a crecer en su vida espiritual para llegar a ser cristianos que cumplen la Gran Comisión. En el semestre hay muchas oportunidades para practicar la presentación del evangelio, de manera especial durante las visitas a los miembros y miembros en perspectiva de la Escuela Dominical.

Los participantes aprenden también a traer a las personas a la Escuela Dominical. Se les enseña a testificar de las bendiciones recibidas en la Escuela Dominical. Los participantes hacen visitas para ministrar a los miembros de la Escuela Dominical y visitas de evangelización a los miembros en perspectiva. Se les capacita para que puedan hacer el seguimiento mediante un grupo pequeño para ministrar. Ellos aprenden cómo construir puentes de amor mediante la Escuela Dominical.

Para los participantes, el plan de entrenamiento y el contenido de las 16 sesiones están en *Un viaje POR FE: Manual para el facilitador y en el Diario.*

Profesión pública de fe. Existe una gran diferencia entre dirigir a una persona a hacer profesión de fe en Cristo y la decisión de la misma de hacer pública su profesión de fe. POR FE reúne a las personas mediante el ministerio de desarrollo y el compañerismo existente en las clases de la Escuela Dominical, ayudándolas de este modo y animándolas a que hagan pública su profesión de fe.

Incorporación a la vida de la iglesia. Una de las razones por lo cual algunas personas después de expresar su deseo de recibir a Cristo nunca vienen a la iglesia, es porque no

se les ha ayudado a relacionarse con la iglesia y con otros cristianos. Cuando «construimos puentes» para conectar a los nuevos convertidos con la Escuela Dominical aumentamos la posibilidad de que sean: discípulos que sigan a Cristo durante toda su vida, bautizados e incorporados por la iglesia. POR FE intencionalmente ayuda a construir esos «puentes» necesarios.

Ministerio discipular para los nuevos creyentes y los que están entrenándose. Una parte importante de la incorporación es ayudar a los nuevos creyentes a crecer espiritualmente. Al mismo tiempo, una característica del entrenamiento de POR FE es ayudar a los participantes a crecer espiritualmente. Los equipos de POR FE participan en un proceso que incluye el testificar sobre la manera en que Dios está obrando en sus vidas. Aunque todos los cursos tienen esta meta, los cursos de POR FE enfatizan este proceso.

Equipos entrenados que entrenan a otros. Una vez que un mentor entrena a una persona en la estrategia de POR FE, esta se encuentra preparada para ser mentor de un equipo formado por otras dos personas. Los que han sido entrenados, generalmente, son más entusiastas y participan activamente en otras labores del reino de Dios. El entrenamiento de POR FE ayuda al pueblo de Dios a obedecer la Gran Comisión y enseñar a otros a hacer lo mismo.

Como las piezas de un rompecabezas, estos elementos se unen y entrelazan. Son esenciales a la Escuela Dominical y a POR FE: una estrategia de evangelización mediante la Escuela Dominical©. Ellos se unen para crear un todo que resulta coherente generando un ministerio de la Escuela Dominical desarrollado por personas que alcanzan a otros y se preocupan por ellas.

PREMISAS ESTRATÉGICAS DEL ENTRENAMIENTO DE POR FE

• POR FE es una estrategia para entrenar a toda la iglesia en la evangelización y se lleva a cabo mediante el ministerio de la Escuela Dominical. Esta estrategia se diseñó a fin de preparar a los participantes para ganar almas para Cristo.

• El pastor es el líder y promotor principal de POR FE. Él constantemente promueve POR FE y el ministerio de la Escuela Dominical, aplica POR FE y entrena a otros en POR FE.

• El entrenamiento de POR FE consta de 16 semanas consecutivas de entrenamiento. Las sesiones no se realizarán los domingos en la mañana. Cada período de 16 semanas recibe el nombre de semestre.

PRINCIPIOS DEL REINO PARA EL CRECIMIENTO DE LA IGLESIA

• Un semestre de entrenamiento requiere del compromiso por parte de los participantes de asistir a las sesiones durante las 16 semanas, y de hacer las tareas en el hogar.

• Entre los participantes se incluye el líder de equipo que ha sido entrenado y está preparado para dirigir un equipo de visitación de POR FE y ser mentor. Este y dos personas más que se han comprometido a recibir el entrenamiento forman el equipo.

• Cada equipo de POR FE estará compuesto por los menos por una persona de un género.

• El líder del equipo y los participantes serán miembros de la misma clase o departamento de la Escuela Dominical y visitarán a los miembros en perspectiva asignados a sus clases o departamentos. Algunas visitas tendrán el propósito de ministrar, otras serán para evangelizar y otras serán para realizar una encuesta.

• Los miembros del equipo tienen el compromiso de memorizar el bosquejo completo de visita de POR FE; incluyendo las introducciones, la presentación del evangelio y la invitación. La visita completa de POR FE, desde el momento que se hace la primera introducción hasta que la persona decide tomar una decisión, dura unos 30 minutos. Cuando realizan las visitas, los participantes van añadiendo nuevos aspectos cada semana, a medida que progresan en sus estudios, siempre bajo la supervisión del líder del equipo.

• Los líderes del equipo son responsables de dirigir los alumnos a poner en práctica las partes de la visitación que han aprendido. También son responsables de dirigir el tiempo del equipo, cuando los participantes dicen de memoria lo aprendido en la casa.

• Las únicas personas que pueden enseñar POR FE en una iglesia son (1) aquellos que participan en una Clínica de entrenamiento de POR FE en una iglesia certificada para enseñar POR FE y (2) las personas entrenadas en la iglesia local bajo el liderazgo de alguien que ha completado el entrenamiento en una clínica. Se anima a todos para que asistan a una clínica para que puedan comprender mejor la estrategia de POR FE.

Al terminar las 16 semanas de un semestre de entrenamiento de POR FE, los participantes estarán entrenados para ser ganadores de almas y tendrán absoluta confianza de poder llevar a cabo una visita completa de POR FE, incluyendo la presentación del evangelio y la invitación. Serán personas dispuestas a testificar de su fe ante cualquier oportunidad que se les presente. Para más información llame al número gratis 1.877.324.8494 (en los EE.UU.). O fuera de los EE.UU., llame al número 1.615.251.2314. Por correo electrónico escriba a luis.lopez@lifeway.com.